Vom Blitz erschlagen – Ermordet – Verunglückt

Joachim Seyffarth

Vom Blitz erschlagen - Ermordet - Verunglückt

Geschichten um vergessene Denkmale

Schriftenreihe
Erzgebirgische Heimat

Druck- und Verlagsgesellschaft Marienberg mbH

In der geschichtlich und geographisch überschaubaren Landschaft des westlichen und mittleren Erzgebirges und seinem Vorland werden erstmals über 70 »Klein- oder Volksdenkmale« des 15. bis 20. Jahrhunderts nach thematischen Gesichtspunkten geordnet und beschrieben. Die Rekonstruktion der weitgehend vergessenen, volkskundlich interessanten Geschichten dieser Denkmale steht dabei im Vordergrund.

Das umfangreiche Bildmaterial soll dazu anregen, diesen Teil der erzgebirgischen Kulturlandschaft neu zu entdecken und nach weiteren Zeugnissen dieser Art zu suchen.

Joachim Seyffarth:
Vom Blitz erschlagen - Ermordet - Verunglückt, Geschichten um vergessene Denkmale

3. Auflage 1999; Druck- und Verlagsgesellschaft Marienberg mbH

ISBN 3-931770-06-0

Irgendwo

begegnen sie uns immer wieder,
an den Wanderwegen durch die Heimat,
die unscheinbaren, einst für die Ewigkeit
bestimmten Denkmale am Wegesrand.
Die Inschriften sind meist verwittert und ihre
Geschichten längst vergessen. Viele dieser
steinernen Zeugnisse einer eigenständigen
Volkskultur gingen in unserer schnellebigen
Zeit verloren.
Es lohnt sich, danach zu suchen.

Einleitung

Denk- oder Erinnerungsmale sind Zeitzeugen, die ausschließlich dem einen Zweck dienen, ein bedeutendes Ereignis im Leben eines Einzelnen oder einer Gemeinschaft, vor dem Vergessenwerden zu bewahren.
Die Vielfalt und Vielzahl solcher Male in unserer Landschaft zwingt zu einer thematischen, räumlichen und zeitlichen Begrenzung.
Das Thema konzentriert sich zunächst auf solche Denkmale, die meist weit im Raum verstreut, durch die »Flurbereinigung« und dem zunehmenden Einsatz moderner schwerer Technik besonders gefährdet sind und in den letzten Jahrzehnten die meisten Verluste zu verzeichnen hatten.

Es sind die

- »Blitzsteine«, die zum Gedenken am jeweiligen Unglücksort errichtet wurden,
- »Mordsteine«, die mahnend an Bluttaten erinnern und
- »Unfallsteine«, die sich an den Unfallorten, aber auch auf unseren Friedhöfen entdecken lassen.

Der Raum umfaßt eine geschichtlich und geographisch überschaubare Landschaft. Diese wird im Osten durch die Freiberger und im Westen durch die Zwickauer Mulde flankiert. Im Norden begrenzt die Vereinigung beider Flüsse und im Süden der Erzgebirgskamm diesen Raum. Damit wird das Erzgebirge und sein Vorland im mittleren Bereich umschlossen.

Die Vorgeschichte

Die Bemühungen, solche Volks- oder Kleindenkmale systematisch zu erfassen, reicht in Sachsen bis in die Jahre kurz nach dem ersten Weltkrieg zurück.
Im Jahre 1928 erschien Dr. Kuhfahls Inventar »Die alten Steinkreuze in Sachsen« (1). Damit erhielt diese Landschaft erstmals einen Überblick über eine deutlich abgrenzbare Denkmalsform. An dieser Thematik wird seitdem, nahezu ohne Unterbrechung, zielstrebig gearbeitet (2).
Etwa gleichzeitig begann Dr. Stephan aus Freiberg, »Marterln«, »Gedenkbäume und andere Erinnerungsmale« in Sachsen zu inventarisieren (3), (4). Dieser zu weiträumig angelegten Arbeit fehlte leider eine straffe thematische Gliederung, so daß sie sich nie zu einem eigenständigen Forschungsgebiet weiterentwickeln konnte.

Als letztes wäre ein zentrales Register der politischen Denkmale der jüngsten Geschichte zu nennen (5).
Diese, sicher noch unvollständige Übersicht, läßt sich ergänzen durch die umfangreichen, jedoch nicht speziell und ausschließlich auf Erinnerungsmale orientierten Objektlisten der staatlichen Denkmalpflege.

Das Ziel

Die hier vorgelegte Sammlung erfolgt nach thematischen Gesichtspunkten, um einen Anschluß an andere Forschungsdisziplinen, insbesondere der Volkskunde, zu finden.
Zeitlich schließen wir dort an, wo die Geschichte der »Steinkreuze und Kreuzsteine«, etwa in der Mitte des 16. Jh., endet und verfolgen die weitere Entwicklung bis nahe an die Gegenwart.
Eine Hauptursache für die großen Verluste an solchen Denkmalen ist darin zu suchen, daß die Hintergrundgeschichten dazu verloren gingen. Deshalb wird hier der Schwerpunkt auf die Rekonstruktion dieser Geschichten gelegt, um auf dieser Grundlage ein neues und breitgefächertes Interesse zu fördern.
In den letzten Jahren wurde eine zunehmende Tendenz spürbar, auch längst verschollene Denkmale wieder zu entdecken und zu rekonstruieren. Deshalb wurden hier auch solche Denkmale berücksichtigt, die sich nur noch durch schriftliche oder mündliche Quellen nachweisen lassen.
Allen hier erwähnten Denkmalen liegt ein einheitlicher Erfassungsbeleg mit allen zur Zeit bekannten Daten für eine weitere thematische Bearbeitung zu Grunde.
Die Erfassung des weit verstreuten Quellenmaterials zu dieser Thematik war ohne die umfangreiche Mitarbeit zahlreicher Heimatfreunde, ohne die Unterstützung des Landeskirchenamtes Sachsen und der Mitarbeiter vieler Pfarrämter, Bibliotheken und Archive nicht möglich. Ihnen allen sei an dieser Stelle recht herzlich dafür gedankt.

Joachim Seyffarth
Mühlbach, Dezember 1995

»... Kreuze aus späterer Zeit sollen wohl meist die Stelle bezeichnen, an welchen Personen durch ihr Fuhrwerk verunglückten oder durch Blitz ihr Leben verloren haben. An solchen Kreuzen ist auch gewöhnlich noch die den Unfall berichtende Inschrift angebracht. - Leider sind von Unwissenden und die alte Zeit nicht Ehrenden bereits viele solcher Denkmäler vernichtet oder auch aus Eigennutz zu Bauzwekken verwendet worden. Es geziemt sich aber wohl, sie zu erhalten sowie noch unbekannte aufzusuchen und ihre Geschichte zu erforschen.«

Aus den »Mitteilungen des Freiberger Altertumsvereins« 1889

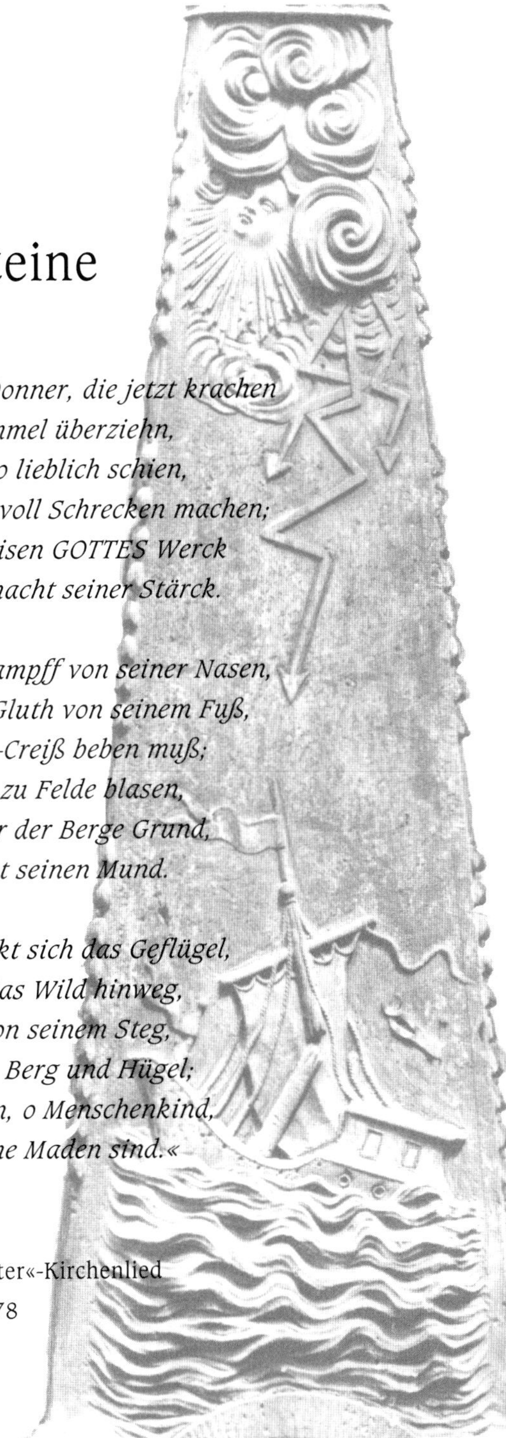

Blitzsteine

»Blitz und Donner, die jetzt krachen
und den Himmel überziehn,
der vorher so lieblich schien,
müssen uns voll Schrecken machen;
denn sie preisen GOTTES Werck
und die Allmacht seiner Stärck.

Jetzt geht Dampff von seiner Nasen,
Rauch und Gluth von seinem Fuß,
daß der Erd-Creiß beben muß;
jetzt läßt er zu Felde blasen,
jetzt rührt er der Berge Grund,
und er öffnet seinen Mund.

Jetzt versteckt sich das Geflügel,
jetzo läuft das Wild hinweg,
alles Vieh von seinem Steg,
jetzo zittern Berg und Hügel;
drum erkenn, o Menschenkind,
was wir arme Maden sind.«

»Donner-Wetter«-Kirchenlied
Chemnitz 1778

Blitzsteine

1774 Berthelsdorf / Weigmannsdorf *)
1781 Lauterbach
1809 Mildenau
1810 Mildenau
1828 Oberrothenbach
1839 Wolkenstein*)
1856 Gehringswalde*)
1875 Nassau*)
1877 Geyer
1880 Falkenau
1882 Borstendorf*)
1888 Deutschneudorf
1890 Friedebach*)
1898 Deutscheinsiedel*)
1920 Mittelsaida

*) = verschollen

(Stand vom Oktober 1995)

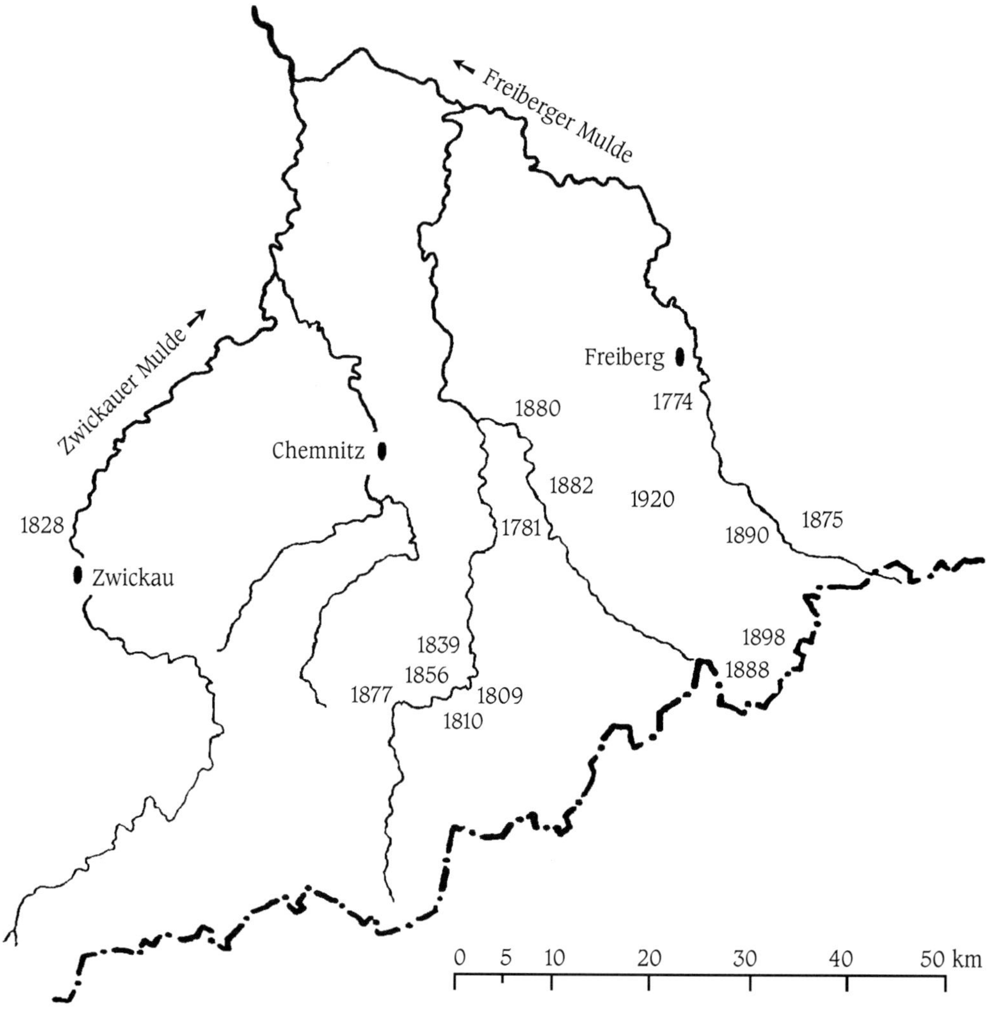

Nichts hat die Menschen in den vergangenen Jahrhunderten so sehr beeindruckt wie die unbarmherzig hereinbrechenden bösen Wetter.
In den älteren Chroniken des Erzgebirges reihen sich die Meldungen über schlimme Unwetter und die angerichteten Schäden dicht aneinander:

- »1562: Den 3. July erschlug das Wetter den Schlätner Gemeindehirten sammt 10 Kühen.«
- »1564: Im Brachmonat erschlug das Wetter vor dem Böhmischen Thor, zwischen der Stadt und Rückerswald ein Mägdelein.«
- »1589: Den 11. July wird ein Weib zum Grumbach vom Wetter getroffen, jedoch dem Kinde, welches sie auf dem Arme getragen unschädlich.«

und so weiter, in zahlloser Folge.

Unwetter dieser Art schrieben ein umfangreiches Kapitel religiös geprägter erzgebirgischer Kulturgeschichte, denn es gab keinen Zweifel, das Wetter lag allein in Gottes Hand.
An ihn richteten sich die »Bittgebete, bey schwerem Donnerwetter«, die »Seuffzer bey harten Donnerschlägen«, die »Danksagung wenn das Wetter vorbey ist«, die Bittlieder »Um

Relief an einem Transformatorenhäuschen mit einem Blitz als warnendes Symbol vor den Gefahren des elektrischen Stromes - um 1930; Chemnitz

gute Witterung« und die Danklieder »Nach dem Ungewitter« oder auch die »Donner-Wetter-Lieder«, wie in dem einst weitverbreiteten »Chemnitzer Gesangbuch« aus dem Jahre 1774:

»Ach Gott! wie schrecklich ist dein Grimm,
wenn du starck auf den Wolcken gehst,
und deine starcke Donner-Stimm
mit starckem Krachen von dir stößt.
Wir arme blöde Menschen-Kind
erkennen deine grosse Macht;
drum wir in Furcht und Schrecken sind,
weils aus dem Himmel blitzt und kracht.«

Es wurde nicht nur gebetet. Ähnlich wie in anderen Gebirgen vertrieb man auch hier, vermutlich schon im 15. Jh., die nahenden Unwetter durch »Wetterläuten«.
Nach dem Volksglauben gingen von den Glokken Wunderwirkungen aus, die gegen die vom Teufel ausgehenden Wetter schützen konnten. Am 19. Juli 1498 wurden in Schneeberg »zwei große sogenannte Donner-Glocken von gleicher Größe gegossen«. Eine davon trug die Inschrift: »Fulmina nociva tero, vocor Gloriosa, plebs mea sit salva, annorum Gratiae fusa 1498.« Zu deutsch: »Die Blitze, die schädlichen, zerstreu ich, heiße die Ruhmvolle, möge mein Volk glücklich sein, im Jahre der Gnade gegossen 1498.«
Auf den gleichen Brauch könnte die Inschrift einer ehemaligen Glocke der St. Annen-Kirche in Annaberg hinweisen. Die im Jahre 1511 von Oswald Hilliger in Freiberg gegossene 90 Zentner schwere Glocke trug die Inschrift »Anna, die du vermagst den unendlichen Gott zu erbitten, wende ab Krankheit und Leid wie den schlagenden Blitz.«
Sehr alt und allgemeinverständlich ist auch das Symbol des Blitzes. In der christlichen Ikonographie diente es als mahnendes und furchterregendes Sinnzeichen, das vor Gottes Strafgericht und vor dem plötzlichen Ende warnte, wie auf einem hohen Sandstein-Obelisk aus der Zeit um 1750 auf dem Donatsfriedhof in Freiberg. Am Sockel steht die Inschrift (Bild S. 9)

»O welch ein Sturm
der Mast-Baum felt
mich wundert,
daß das Schiff noch helt.«

Seit dem Ausgang des 19. Jh. erhielt dieses Symbol eine neue Bedeutung. Es warnt nun vor den Gefahren des elektrischen Stromes.
Christian Lehmann versuchte als Erster in seinem 1699 erschienenen »Historischen Schauplatz derer natürlichen Merckwürdigkeiten in dem Meissnischen Ober-Ertzgebirge« eine naturwissenschaftlich begründete Erklärung dafür zu finden, warum es gerade hier im Gebirge so viele schreckliche Gewitter gibt.
Er kam zu dem Schluß:
»Das im Sommer und warmen Tagen in dem Gebirge viel zornige Gewitter auffziehen und ihren Sturm mit Blitz / Donner und Hagel / über den Böhmischen Wald auslassen / ist kein Wunder / denn es lieget im Mittel zwischen Böhmen und Meißner Land / daraus es von ihren Wäldern / Gründen / mineralien Sümpffen und Wassern materiam und Feuchtigkeit an sich zeucht / solche in seiner mitlern Lufft gerinnen läst und zu Donner-Wolcken macht / dadurch das gantze Gebirge sehr offt erschreckt und beschädigt wird.«
Diese nehmen sich, wie der Lößnitzer Magister Friedrich Oesfeld im Jahre 1777 meint:
»In gebürgischen Orten weit fürchterlicher aus, als auf ebenen Gegenden von keinen Bergen umgeben.« Und: »Es wird nicht leicht ein Jahr im Gebürge, ... von schweren Gewittern und Sturmwinden verschonet bleiben.«
Er war der Ansicht, daß »die Gewitter, welche im Gebürge öfters als im Niederlande einschlagen, weil an denen Gipfeln der Berge sich die Gewitterwolcken stossen und die Feuertheile

dadurch eine stärkere friction bekommen; und weil solche oft in den Gründen länger zwischen den Bergen gleichsam eingeschlossen stehen als in dem glatten Lande.«
Neben diesen naturwissenschaftlichen Versuchen faßt Lehmann in einem Abschnitt »... was der Donner vor Menschen und Vieh erschlagen«, die für ihn wichtigsten Ereignisse in unfreiwillig kuriosen Reimen zusammen.

Anno 1580. den 10. Junii
Es wolt ein Bürger aus der Au
Nach Loßnitz gehen durch den Hau
Im Wetter schlug in durch den Rück
Der Donner bey der Eysenbrück.

Anno 1582. den 29. Junii,
am Tag Petri Pauli
Drei Jungfern giengen in die Beer
Von Weinberg durch den Anger her
Nach Stahlberg übern Bach in Rein/
Da trifft sie Blitz und Hagelstein
Sie traten unter zwar mit Noth
Der Donner schlug sie alle todt.

Anno 1671. Am Tag S. Margarethä
Im Dorff u. Kirchspiel Albernhayn
Hüten des Viehs zwey Mägdelein
Auff zweyen Feldern
Hin und wieder/
Der Donner schlug sie beide nieder.

Besonders deutlich wird die Bedeutung dieser bösen Wetter in den zahlreichen »Schutzmaßnahmen« gegen Blitzschlag, die noch im ausgehenden 19. Jh. als sichere Abwehr galten.

Dazu gehörten zum Beispiel:

- Das Halten eines Kreuzschnabels in der Wohnung
  (in: Rittersgrün, Breitenbrunn, Geyer)
- Im Haus nistende Schwalben
  (Allgemein üblich)
- Im Haus liegende Splitter eines vom Blitz getroffenen Baumes
  (in: Mauersberg, Pfaffroda, Großolbersdorf, Hermannsdorf)

Während eines Gewitters schützt man sich zum Beispiel,

- wenn Betten an das Fenster gehalten wurden (in Neudörfel)
- wenn mit Wasser gefüllte Töpfe auf den Fensterbänken stehen (in Annaberg)
- wenn ein Familienmitglied das Hauptlied des letzten Sonntagsgottesdienstes liest
  (in Ehrenfriedersdorf)

Im Gegensatz dazu

- schlug der Blitz ein, wenn am Heiligabend die Tür zugeworfen wurde (in Thum)
- wurde der Blitz von der Eberesche angezogen, deshalb pflanzte man sie nie am Hof an (allgemein üblich)

Vor diesem kulturgeschichtlichen Hintergrund wurde es (vermutlich seit dem 18. Jahrhundert) üblich, an den Orten, wo Menschen vom Blitz erschlagen wurden, Gedenksteine zu setzen, die man später vielfach als »Blitzsteine« bezeichnete.
Diese Denkmale waren oftmals sehr schlichte Lesesteine mit einer bescheidenen Inschrift. Gelegentlich funktionierte man aber auch nicht mehr benötigte alte Postmeilensäulen oder Meilensteine zu Denkmalen um und stellte sie am Unfallort auf. Vereinzelt wurde obenauf ein besonderes Zeichen (eine eiserne Kugel oder ein auffälliger Stein) angebracht. Wer es sich leisten konnte, ließ auch einen richtigen Grabstein an einer solchen Stelle errichten. Viele davon gingen in den letzten Jahrzehnten verloren. Bis 1995 ließen sich im Erzgebirge und seinem Vorland insgesamt 15 solcher Denkmale nachweisen, von denen 7 verschollen sind.

Getötet »von der allmacht Hand Gottes«

1774: Von Berthelsdorf, östlich von Brand-Erbisdorf, führt ein sehr schöner 3,7 km langer Höhenweg nach Weigmannsdorf. An diesem Weg, noch auf Berthelsdorfer Flur, lagen bis um 1985 die letzten Reste eines ehemals prächtigen barocken Gedenksteines. Nach einer Beschreibung aus dem Jahre 1928 war damals noch einiges zu erkennen. Oben waren Wolken zu sehen, in der Mitte zwei menschliche Gestalten und am Fuße ein Totenschädel. Die vorder- und rückseitige Beschriftung war damals schon, bis auf die Jahreszahl 1774, verwittert. In der Bevölkerung war in Erinnerung geblieben, daß hier zwei Kinder vom Blitz erschlagen wurden. In der Heimatliteratur (»Werte unserer Heimat«, Bd. 47) werden aber auch zwei Frauen und ein Kind als Blitzschlagopfer erwähnt.

Nach den Eintragungen im Sterberegister des Pfarramtes Berthelsdorf aus dem Jahre 1774 hatte sich folgendes ereignet:

Am Nachmittag des 21. März 1774 war die Frau Anna-Sophia Goldhanin, Johann Gottfried Goldhahns Pacht-Inhabers Ehefrau »aufn Brandt«, heute Ortsteil von Brand-Erbisdorf, mit ihrer Tochter unterwegs zwischen Berthels- und Weigmannsdorf. Zwischen 3 und 4 Uhr »wurden beyde von der allmacht Hand Gottes in dem ersten Gewitter des Früh-Jahres auf unserm Weichbilde unter Weges ergriffen, und von seinem Blitz getödtet, worauf beyde entseelten Leiber ins Gemeinde-Haus gebracht.« Am nächsten Tag wurden sie in ihren Wohnort geschafft und dort unter großer Anteilnahme der Bevölkerung in einem gemeinsamen Grab beigesetzt.

Anna-Sophia Goldhahn war 24 Jahre, 3 Wochen und 4 Tage alt.

Am Weg von Berthels- nach Weigmannsdorf

Vom Wetter erschlagen in Lauterbach

1781: Kinderarbeit war bis weit hinein in das 19. Jh. in der Landwirtschaft alltäglich. Dazu gehörte auch das Hüten der Kühe. Früh am Morgen ging es hinaus auf die Weide. Dort blieben die Kinder mit ihrer Herde bei Wind und Wetter bis zum späten Abend sich selbst überlassen.

Westlich der alten Wehrkirche von Lauterbach führt ein schmaler Bachlauf durch ein weites Wiesengelände. Etwa 300 m von der Wehrkirche entfernt steht an der Uferböschung eines Bachlaufes, unter einem alten Fliederbusch versteckt, ein 80 cm hoher, flacher Gedenkstein mit der Inschrift:

†
ALHIER IST
CHRISTOPH NEUBER. C. NEUBERTS
SOEHNLEIN VON WETTER
ERSCHLAGEN WORDEN.

DEN 16. AUGUST 1781.
SEINES ALDER
10. JAHR 10. MONAT 14 TAGE.

Die dazugehörende Eintragung im Sterberegister für das Jahr 1781, im Pfarramt der Kirche Lauterbach, lautet:
»Christoph, Christoph Neubers Bauers allhier wurde vom Blitz erschlagen da er die Kühe hütete. Wurde mit einer Leichen Predigt, Chor und Abdankung begraben.«
Der bescheidene Gedenkstein wird noch heute von Heimatfreunden gepflegt.

Für den Hütejungen Christoph Neubert; 1781; Lauterbach

Mildenau mit der 1839 erbauten neuen Kirche; Lithographie 1845

»Vom 2ten Strahl ... getötet«

1809: Der »Wagler-Bauer« im Mildenauer Oberdorf hatte, wie viele andere Erzgebirgsbauern auch, mit der steilen Hanglage seiner Felder ein besonderes Problem. Immer wenn es heftig gewitterte und regnete, schoß das Wasser in Strömen vom Westhang der Vogel-Höhe herunter. Er legte deshalb mit seinem Sohn am Dienstag, dem 11. Juli 1809, einen neuen »Abschlag« an, also eine Abflußrinne, quer über seinen Feldweg.

Nach Mittag zog ein Gewitter über den Gebirgskamm bei Jöhstadt heran. Nach den Mildenauer Kirchenakten »tötete in der 4. Stunde der zweite Strahl eines südlich aufgezogenen Gewitters den Bauern Johann Michael Wagler, Fünfzig Jahre, 8 Monate, eine Woche, sechs Tage und 8 Stunden alt, am obersten Abschlag« und seinen Sohn »Christian Traugott Wagler, das sechste Kind, der dritte und jüngste«. Er war »Zwanzig Jahre, ein Monat und zwei Tage« alt.

Die Hinterbliebenen setzten an dieser Stelle einen Gedenkstein. Die Inschrift war bereits um 1940 kaum noch lesbar. Über vier Jahrzehnte später wurde dieser Stein erneuert. Er trägt die Inschrift:

An diesem Abschlag arbeitete
der redlich gesinde
Joh Michael Wagler.
Besitzer dieses Guts
nebst seinem jüngsten Sohne
Christian Traugott einen
blühenden Jüngling, am 11. Jul.
nachmittags in der 4. St.
wurden beide V. 2ten Strahl eines
südlich aufgezogenen Gewitters
getötet.

Die Rückseite des Steines trägt die Jahreszahl 1809. Auf der Oberseite ist ein Kreuz eingemeißelt. Das Denkmal wird von Heimatfreunden liebevoll gepflegt.

Da hat es ihn »entblöset«

1810: Am Donnerstag, dem 3. Mai 1810, hatte sich der 49jährige Erbbauer Johann Gotthilf Meyer vorgenommen, auf seinem langgestreckten Feld, am Nordwesthang des Lerchenhübels, Hafer zu säen.

Er ging schon frühzeitig in die Scheune um Hafersäcke aufzuladen. Dabei stieß er das im Gebälk liegende Leichenbrett herunter. Es fiel ihm auf den Rücken. Auf einem solchen Brett, das damals in jedem Gehöft vorhanden war, legte man die Verstorbenen bis zu ihrer Beerdigung. Mit den Worten: »Na warte nur, mich kriegst du noch lange nicht«, schob er es wieder hinauf in das Gebälk. - Die Geschichte von diesem bösen Vorzeichen erzählen die Nachkommen noch heute.

Dann fuhr der Johann Gotthilf mit seinem zweiten Sohn und einem Knecht hinaus aufs Feld. Gegen 11 Uhr braute sich im Nordosten, in Richtung Wolkenstein, ein dunkler Himmel zusammen. Vielleicht dachte der Bauer dabei an das kaum vorübergegangene Jahr, in dem der Wagler-Bauer, kaum zwei Kilometer entfernt, mit seinem Sohn vom Blitz erschlagen wurde. Doch die Saat mußte in den Boden.

Was weiter geschah, schrieb der Mildenauer Pfarrer Georg Traugott Wagner in das Mildenauer Sterberegister: »Nachmittags in der dritten Stunde traf Johann Gotthilf Meyer, Ehemann und Erbbewohner zu Mildenau, ein Wetterstrahl, der ihn von allen Kleidungsstücken entblöset, auf dem Viertel unter der Kinnlade, am linken Ohr, an den Füßen und sonst verwundet hat und mit Erde bestreuet hatte ohne daß sein Zweyter Sohn und ein Knecht, der mit zwey Geschirren auf dem nemlichen Acker arbeitete, verletzt wurden.«

An der Unfallstelle errichteten die Hinterbliebenen einen Gedenkstein mit einer umfangrei-

Für den Bauern Johann Michael Wagler und seinem Sohn; 1809; Mildenau

Für den Bauern Johann Gotthilf Meyer; 1810; Mildenau

chen Inschrift. Nahezu 100 Jahre später, im Jahre 1908, wird dieser Stein vom Mildenauer Pfarrer im Sterbebuch noch einmal erwähnt. In den folgenden Jahren wuchs er auf einem Lesesteinhang unter Dornengestrüpp völlig zu. 1994 entdeckten Nachkommen diesen Stein wieder und legten ihn frei. Er trägt auf der Rückseite die Jahreszahl 1810. Auf der Vorderseite ist der lange Text fast völlig verwittert. Nur mühsam läßt sich entziffern, daß dieser Johann Gotthilf Meyer »*... sein irdiges Leben ... auf 49 Jahr: 8 Monate: 7 Tage und sieben Stunden gebracht hat.*«

Mit 2 Pferden vom Blitz erschlagen

1828: Oberrothenbach liegt auf halbem Wege von Glauchau nach Zwickau. Das von der B 175 abzweigende alte Waldhufendorf hatte um 1825 etwa 180 Einwohner. Viele davon arbeiteten im damaligen Rittergut Mosel. Einer von ihnen war der 26jährige Johann Gottlieb Fritzsche, der dem Rittergutsbesitzer Franz Julius Gräßer als Kutscher diente.

Am Nachmittag des 26. April war er mit zwei Pferden zwischen Mosel und Oberrothenbach unterwegs. Kurz vor dem langen ungeschütz-

Für den Dienstknecht Johann Gottlieb Fritzsche; 1828; Oberrothenbach

ten Höhenweg, oberhalb von Mosel, überraschte ihn ein schweres Gewitter. Um sich zu schützen, flüchtete er in ein nahegelegenes Gebüsch am Rande einer Quellmulde. Hier wurden er und seine beiden Pferde nachmittags um 4 Uhr vom Blitz erschlagen. So notierte es der Pfarrer Zschommler in das Sterberegister der Kirche zu Mosel.

Zur Erinnerung an diesen Unfall ließ der Rittergutsbesitzer Gräßer an dieser Stelle einen 1,10 m hohen Obelisk aus Sandstein mit einer Inschrift setzen und einige Bäume dazu pflanzen.

Die Inschrift auf dem Stein lautete:

Hier wurde am 26. April 1728
der Dienstknecht Fritzsche
mit zwei Pferden vom Blitz erschlagen.
Gesetzt vom Rittergutsbesitzer
Franz Julius Gräßer.

Bei der heute noch lesbaren Jahreszahl hatte man sich um ein volles Jahrhundert vertan, denn der Unfall ereignete sich tatsächlich erst im Jahre 1828.

Für den 14jährigen Friedrich August Leschner; 1839; Wolkenstein

(Ehemalige kursächsische Postmeilensäule) s. S. 20

Auf der Oberseite des Gedenksteines war einst ein heute nicht mehr bekanntes Zeichen, vermutlich eine Kugel oder ein Kreuz befestigt. Irgendwann nach 1945 wurde das Denkmal, mit der damals schon völlig verwitterten Inschrift, von seinem Sockel gestoßen und diente nun für lange Jahre als Sitzplatz für den Schäfer und die Landarbeiter.

In den Jahren nach 1985 erinnerten sich einige Heimatfreunde an dieses Denkmal. Der Obelisk kam wieder auf seinen Sockel. Die nun restlos verwitterte Inschrift gravierte man in eine Plastetafel und schraubte diese an das Denkmal.

Postmeilensäule als Blitzdenkmal

1839: An der Straße von Wolkenstein nach Gehringswalde befanden sich ehemals die alten Berggebäude der Grube St. Johannis. Unmittelbar daneben stand einst ein alter Gedenkstein. Von diesem erzählt man sich noch heute, daß an dieser Stelle ein Bauer in der Nacht mit seinem Ochsengespann auf einem Acker vom Blitz erschlagen wurde.

Tatsächlich hatte sich jedoch folgendes ereignet:

Am 30. August 1839 war der 14jährige Friedrich August Leschner, Sohn des Bürgers und Weißbäckers Christian Friedrich Leschner aus Wolkenstein, hinaus in Richtung zur Johannisgrube spazieren gegangen. Gegen Abend 6 Uhr tötete ihn ein Blitzstrahl unter dem Berggebäude, wo er vermutlich Schutz suchen wollte.

Wolkenstein; Lithographie 1845

Angehörige errichteten ihm an dieser Stelle wenig später ein Denkmal. Dazu verwendeten sie eine alte ausgediente Ganzmeilensäule der Kursächsischen Post. Diese erhielt einen neuen Deckstein. Darauf wurde ein großer glatter Geröllstein, vermutlich als Symbol eines Blitzschlages, befestigt. Dieses merkwürdige Denkmal mit der Signatur »AR« (= Augustus Rex), der Entfernungsangabe »Wolcken(stein) $^1/_2$ St(unde)«, der Jahreszahl 1724 und dem Posthorn wurde an der Seitenfläche mit dem Namen des Verstorbenen, Friedrich August Leschner, ergänzt.

Nach 1945 legte man an der ehemaligen Grube St. Johannis den Wismutschacht 137 neu an. Etwa seit 1948/50 ist dieses Denkmal verschollen.

Beim Spaziergang vom Blitz getroffen

1856: Einst führte die alte Silberstraße von Annaberg über Wolkenstein nach Freiberg hinter den Gütern von Gehringswalde vorüber. Etwa 120 m nordöstlich vom Abzweig nach Warmbad stand noch um 1955 ein schlichter Gedenkstein. Heimatfreunde hatten ihn über Jahrzehnte gepflegt und seine langsam verwitternde Inschrift

Carl August Hillig
vom Blitz getroffen
den 11. August 1856

immer wieder mit Farbe nachgezogen, um dieses Denkmal in Erinnerung zu halten.

»Das vereinigte Wochenblatt für Marienberg ...« vom 16.8.1856 berichtete wenige Tage nach diesem Ereignis über dieses Gewitter:

»In Wolkenstein schlug bei dem Gewitter am 11. August der Blitz in den Schornstein eines Hauses, zündete auf kurze Zeit und zerstörte den Kachelofen in der Stube. Auch im dasigen Schlosse soll der Blitz eingeschlagen haben, ohne jedoch zu zünden. In Gehringswalde dagegen hat er einen Mann erschlagen und zwei betäubt.«

Das »Chemnitzer Tageblatt und Anzeiger« vom 16.8.1856 berichtete über diesen Todesfall:

»Nachmittags (2 Uhr) ward bei Gehringswalde der 32 Jahre alte Stiefsohn und Wirtschaftsgehilfe des Grundstücksbesitzers Fiedler, Karl August Hillig, auf dem Felde, wohin er mit dem Strumpfwirker Brückner und dem Schuhmacher Löschner gegangen war, um sich umzusehen, von einem Blitze getroffen und getödtet, während die beiden Letzteren zwar niedergeworfen und betäubt, aber nicht verletzt worden sind.«

Um 1958/60 stand das Denkmal der damaligen LPG im Wege. Es ist verschollen.

Für Carl August Hillig; 1856; Gehringswalde

Man erzählt sich ...

1875: Am 12. Juli 1875 ging in Nassau, südlich von Frauenstein, ein sehr schweres Gewitter nieder. Auf einer der Fluren rissen die herabstürzenden Wasser einen zwei Meter tiefen und drei Meter breiten Graben in das Feld. Einwohner wissen noch zu berichten, daß es mehr als fünf Jahre Arbeit bedurfte, die Spuren des Unwetters zu beseitigen.

Bei diesem Gewitter wurde der Gutsbesitzer Clemens Tiersch vom Blitz erschlagen. An der Unfallstelle errichteten seine Angehörigen einen Gedenkstein.

Dieses Denkmal blieb bis nach 1945 erhalten. Heute ist es verschollen. Man erzählt sich, es sei im Rahmen der Kollektivierung der Landwirtschaft in den fünfziger Jahren beseitigt worden. Nach einer anderen Auffassung wurde es von sowjetischen Soldaten zerschlagen und zur Wegebefestigung benutzt, als sie vor dem Einmarsch in die CSSR 1968 am nahen Röthenbachhübel lagerten.

Für die Kinder Erna Kraußе und Carl Einenkel; 1877; Geyer (Standort bis 1994)

Zwei Kinder auf der Flucht vor dem Gewitter ...

1877: An der Nordostgrenze von Geyer erhebt sich der 697 m hohe Schlegelberg, der heute vor allem als Waltershöhe bekannt ist. An der westlichen Waldgrenze dieses Berges steht ein etwa 45 cm hoher unscheinbarer Gedenkstein mit der Inschrift:

Erna F. Krauße

vom Blitz getödtet
am 14. Juli 18 † 77

K. Einenkel

Am Sonnabend, dem 14. Juli 1877, schickte der Posamentierermeister Carl Wilhelm Einenkel seinen Sohn, den 13jährigen Carl Richard, zur Beerensuche in den Wald. Vom Posamentierermeister Hermann Leopold Krause, ebenfalls aus Geyer, gingen drei Kinder (zwei Jungen und die sieben Jahre alte Ernestine Emma) mit. Ein weiterer Junge schloß sich an.

Ob die Beeren für den eigenen Sonntagstisch oder für den Verkauf gesammelt werden sollten, ist nicht bekannt. Im Jahre 1894 berichtet der Erzgebirgschronist Süßmilch zum Beispiel über das Beerensammeln im Erzgebirge: »Eine gute Beerenernte ist für die Bewohner des oberen Gebirges ein bedeutender Erwerbszweig, an dem Erwachsene und Kinder aller Jahrgänge, bis zum vierjährigen herab, Theil nehmen können. Mit dem Beerenkamme, einem kastenähnlichen Gefäß mit einem Kamme aus Holz werden die Beeren gesammelt und in großen Mengen an die Händler verkauft.«

Was am Schlegelberg weiter geschah, berichtete die Tagespresse am darauf folgenden Montag, den 15. Juli:

»Gestern Nachmittag 5 Uhr zog ein sehr heftig auftretendes von Graupelschauern begleitetes Gewitter über unsere Stadt. Leider tötete ein Blitzschlag zwei vom Beerenpflücken aus dem Walde heimkehrende Kinder. Die getödteten Kinder befanden sich unter den letzten Bäumen des Waldrandes am Schlegelberg, während die drei anderen schon im Freien waren.«

Wie heute noch erzählt wird, trugen die Väter ihre toten Kinder auf dem Rücken heim. In einer gemeinsamen Totenfeier wurden sie in Geyer beigesetzt.

Der kleine Gedenkstein, den vermutlich einst ein kleines eisernes Gedenkkreuz zierte, stand über 100 Jahre an seinem alten Platz. 1995 wurde er auf einen häßlichen Betonsockel zu einer Wanderhütte umgesetzt.

Standort des Gedenksteins ab 1995

In Falkenau erschlug es den Gutsbesitzer Klemm

1880: Am Weg von Falkenau nach Augustusburg stehen unter einer alten Eiche zwei Gedenksteine. Der Ältere von beiden hat eine sehr außergewöhnliche Form. Es ist eine einfache stark verwitterte Porphyrplatte mit ehemals drei eingeritzten Kreuzen und einer kleinen eingesetzten eisernen Kugel. Diese Steinplatte stand ursprünglich auf einem gemauerten Bruchsteinsockel unmittelbar am Wege vor der alten Eiche und diente so als kleiner Altartisch, auf dem der Vorübergehende ein paar Blumen zum Gedenken ablegen konnte. Im Jahre 1938 war der Stein bereits sehr stark verwittert. Doch der Erzgebirgsverein befestigte eine erklärende Tafel an der Eiche. Wenige Jahrzehnte später war auch diese Tafel verwittert und die Geschichte dieses Steines bald vergessen.
1993 transportierten Falkenauer Heimatfreunde den alten »Altartisch« hinter die Eiche und stellten an seiner Stelle einen neuen Gedenkstein in völlig veränderter Form auf. Er trägt die Inschrift:

F. L. Klemm
durch Blitzschlag
am 10. Juli 1880
umgekommen.

Das »Wochenblatt und Anzeiger für Oederan und Umgebung« berichtete am 13. Juli über dieses Unwetter:
»Vergangenen Sonnabend zog sich über unserer Stadt ein Gewitter zusammen, welches zu ernstesten Befürchtungen Anlaß gab, doch dem Himmel sei Dank! ... in Falkenau erschlug es den Gutsbesitzer Friedrich Louis Klemm auf freiem Felde, als er im Begriff war, nach Hause zu eilen, der Knecht war vorausgegangen und dadurch gerettet.«
Klemm war 26 Jahre alt. Er hinterließ eine Witwe, einen Sohn und zwei Töchter. Sein verwitterter Grabstein steht noch heute an der Kirchhofmauer des alten Friedhofes in Flöha.

Für den Bauern Friedrich Louis Klemm; 1880; Falkenau

Neuer Gedenkstein um 1994 für F. L. Klemm

Für die Erntehelfer Carl Gottlob Richter und Christine Eleonore Günzel; 1882; Borstendorf

»Ohne Abschied von den Euren traf des Blitzes Strahl euch hier«

1882: Am 14. August wurde das Getreide beim »Nitzsch-Bauer«, wie man in Borstendorf (südlich von Augustusburg) den Gutsbesitzer Friedrich Uhlig nannte, eingefahren.
Hilfe tat Not, wer helfen konnte, half. So auch der »Malcher-Lob«, der eigentlich Uhlig hieß, der Richter Gottlob, den man »Schmied-Lob« nannte, der sein Geld als Wegewärter verdiente und die Günzel-Lore, bekannt als »Borstendorfer Butterfrau«.
Gegen Abend zog ein heftiges Gewitter heran. Der Uhlig-Bauer war gerade beim Abladen in der Scheune und wollte beim nahenden Gewitter nicht noch einmal hinausfahren. Der »Schmied-Lob« hatte draußen auf dem Feld vorsichtshalber seine Sense weggelegt, »da Sensen immer den Blitz anzogen«. Er ging mit der »Günzel-Lore« schön langsam vom Feld, denn »wer rennt, den trifft der Blitz.«
Dann gab es einen mächtigen Knall, und man fand sie auf dem Felde liegen. Beide wurden hinunter in die Scheune getragen. Hier versuchte der Kantor Uhlig vergeblich, sie durch Atemübungen in das Leben zurückzuholen.
Am 17. August trug man beide, unter großer Anteilnahme der Bevölkerung, zu Grabe. Der 38jährige Gottlob Richter hinterließ eine Witwe und drei Kinder. Um die 52jährige »Günzel-Lore« trauerte ihr Ehemann.
Wenig später ließ der »Nitzsch-Bauer« an der Unglücksstelle für seine beiden Helfer einen schlichten Gedenkstein errichten. Er trug die Inschrift:

*»Am 14. August des Jahres 1882
wurden hier vom Blitz tötlich
getroffen der Wegewärter
Carl Gottlob Richter im 39. Lebensjahr,
Fr. Christ. Eleonore Günzel, geb. Rechenberger im 53. Lebensjahr. Ohne Abschied von
den Euren traf des Blitzes Strahl euch hier.
Ruhet wohl, Gott wird vereinen Euch im Himmel für und für.*

*Zum Andenken
von Gottlob Friedrich Uhlig
Gutsbesitzer von hier."*

Für die Borstendorfer war dieses Denkmal ein wichtiges Zeugnis ihrer Ortsgeschichte. Heimatfreunde pflegten es. Irgendwann um 1960 war dieses einsam am Feldrand stehende Denkmal einer Landwirtschaftlichen Produktionsgenossenschaft im Wege. Es wurde beseitigt und ist seitdem verschollen.

»Drei Geschwister vom Blitzschlag getötet«

1888: Die Beschreibungen des Erzgebirgskammes um Seiffen sind am Ende des 19. Jh. voller Poesie. »Bad Einsiedel liegt mitten im Walde und ist zu längerem Aufenthalte zu empfehlen. Die Bäder werden als außerordentlich wohltuend gerühmt; der Aufenthalt ist angenehm, die Verpflegung vortrefflich, die Preise sind mäßig. Die Reinheit der Luft, die Nähe des Waldes, der geringe Grad von Feuchtigkeit und die gleichmäßige Temperatur wirken im hohen Maße erfrischend.« (Erzgebirgschronist Süßmilch)

Das war das Erzgebirge aus der Sicht des von der modernen Technik genervten Städters im Jahre 1894.

Die Realität: Nahe dem Bad Einsiedel, in Brüderwiese, bewirtschaftete der Bauer August Wilhelm Bräuer sein Gehöft. Er gehörte nicht zu jenen, die sich zur Bestellung der Felder viel große Technik leisten konnten. Wenn es Not tat, mußte jeder, der zugreifen konnte, hinaus auf das Feld.

Der 23. Juli muß ein heißer Hochsommertag gewesen sein. Der Bräuer-Bauer schickte drei seiner Kinder auf den Acker am Wolfstempel bei Deutschneudorf.

Es war sein ältester Sohn aus zweiter Ehe, der 25 Jahre alte Sohn Heinrich Hermann, der 17jährige Oswald Moritz und die 15jährige Anna Maria. An einen 12-, 10- oder gar 8-Stunden-Arbeitstag war nicht zu denken. Man rakkerte auf dem Feld, solange es hell blieb.

Am späten Nachmittag des 23. Juli 1888 zog ein schweres Gewitter heran. Die Geschwister Bräuer blieben auf dem Feld. Abends $^{1}/_{2}$ 7 Uhr, als es immer schlimmer wurde, rannten sie den naheliegenden rettenden Häusern am Wolfstempel zu. Kaum 200 Meter vor dem nächsten schützenden Dach traf sie ein Blitz.

Am 26. Juli wurden sie gemeinsam, unter großer Anteilnahme der Bevölkerung, »mit einer Rede am Grab«, beerdigt.

August Wilhelm Bräuer ließ später für seine drei Kinder an der Unglücksstelle ein Denkmal errichten.

Der auf einem Sockel stehende 1 m hohe Obelisk aus Sandstein trägt die Inschrift:

†

Zur Erinnerung
an die im Jahre 1888
hier durch Blitzschlag getöteten
drei Geschwister Bräuer.

Heinrich Hermann
geb. d. 11. Juli 1863

Oswald Moritz Bräuer
geb. d. 21. Jan. 1871

Anna Maria Bräuer
geb. d. 8. Juli 1873

»... da zog die Sense den Blitz an«

1890: Oberhalb des langgestreckten Waldhufendorfes Friedebach (bei Sayda) wurde auf einem Feldweg, hinter dem Flurstück Dresdner Straße 9, am 17. Juni 1890 der Gutsbesitzer Gustav Alwin Dürrfeld, nachmittags $^{1}/_{4}$ 4 auf freier Flur von einem Blitz getötet.

Nach den Aufzeichnungen des Pfarrers im Sterberegister der Kirche in Sayda war der Bauer 27 Jahre, 8 Monate und 4 Tage alt. Er hinterließ eine Tochter und eine schwangere Frau.

Nach Ansicht vieler Dorfbewohner war er an seinem Tod nicht ganz schuldlos, denn er hatte bei dem heraufziehenden Gewitter eine Sense auf der Schulter getragen, obwohl jeder Landbewohner fest davon überzeugt war, daß eine Sense den Blitz anzieht.

An der Unfallstelle setzten ihm seine Angehörigen einen schlichten Gedenkstein mit seinem Namen, dem Todestag und den Worten »vom Blitz erschlagen«. Auf der Oberseite war ein Blitz eingemeißelt.

Im Zuge der Flurbereinigung, in den Jahren 1974/75, wurde der Feldweg und dabei auch der Gedenkstein beseitigt.

Winzige Symbole auf alten Landkarten sind oft der letzte Hinweis auf lange gesuchte oder verschollene Denkmale, wie hier bei Deutschneudorf und Heidelberg

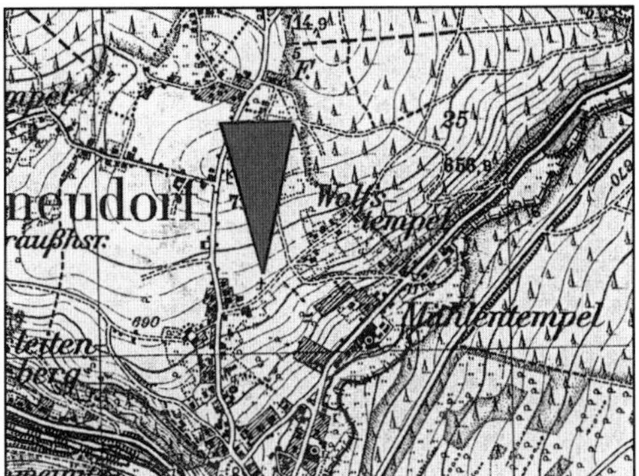

Unter eine Fichte geflüchtet

1898: Oberhalb des Ortes Deutscheinsiedel überquert die alte Brüxer Landstraße, die heutige Straße von Seiffen nach Deutscheinsiedel, einen kleinen Waldbach, den Heidengraben bei Heidelberg.

Hier waren am 29. Juli 1898 der »Königliche Waldarbeiter und Einwohner zu Heidelberg«, Alwin Bruno Lorenz und der »Königliche Straßenarbeiter« Karl Ernst Wagner, ebenfalls aus Heidelberg, damit beschäftigt, angeschwemmten Sand aus einem Graben auszuschachten. Bei einem nahenden Gewitter flüchteten sie unter eine Fichte. Hier wurden beide nachmittags $^{1}/_{2}$ 3 vom Blitz erschlagen.

Der Pfarrer schrieb in das Sterberegister, daß dieser Lorenz 33 Jahre, 10 Monate und 28 Tage alt war, verheiratet aber getrennt lebte und eine Tochter von 9 Jahren hatte. Der Straßenarbeiter Lorenz war 43 Jahre und 6 Tage alt und hinterließ eine Witwe, zwei Söhne und eine Tochter.

Die Angehörigen errichteten an der Unfallstelle am Straßenrand einen schlichten Gedenkstein, den sie vermutlich aus einem ehemaligen Königlich-Sächsischen Kilometerstein anfertigen ließen. Die Inschrift war bereits um 1970 kaum noch lesbar. Bei wenig später durchgeführten Straßenbauarbeiten ging dieses Denkmal verloren.

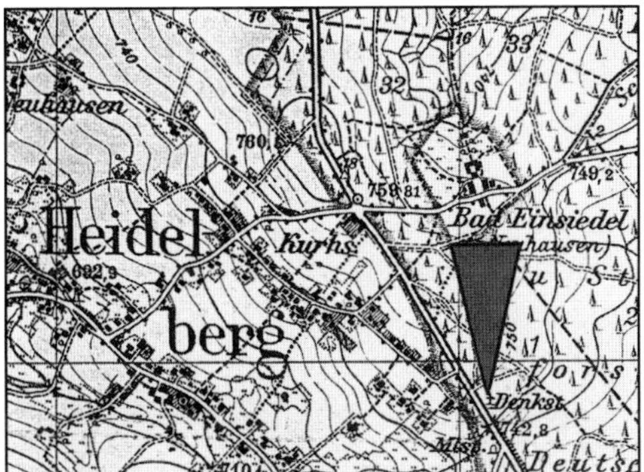

Erschlagen mit seinem Lieblingspferd

1920: Zwischen Dörnthal und Mittelsaida, erhebt sich der 592 m hohe Ochsenkopf. An der äußersten nördlichen Spitze des ausgedehnten Waldgebietes, fernab jeder Straße, lag über viele Jahre ein ehemaliger Königlich-Sächsischer Kilometerstein mit einer einst umfangreichen Beschriftung, die ausführlich über einen hier erfolgten Blitztod berichtete.

Am 29. Mai 1920 erschien im »Chemnitzer Tageblatt und Anzeiger« eine gesonderte Spalte »Unwetter-Nachrichten« über die schweren Gewitter an den vorangegangenen Tagen im Erzgebirge. Danach gab es auch zahlreiche Gebäudebrände, unter anderem in Neuhausen, Kleinneuschönberg, Schönlinde, Zwickau, Lichtenwalde und Mittweida.

Am Nachmittag des 26. Mai 1920 war der 19jährige Oswin Richard Baldauf, Gutsbesitzer und Sohn des Gemeindevorstandes Baldauf in Mittelsaida, auf seinem Lieblingspferd hinaus auf die Felder in Richtung zum Ochsenkopf geritten. Gegen 16 Uhr zog ein schweres Gewitter auf. Durch einen Blitzschlag kam er auf freiem Felde mit seinem Pferd um das Leben. Seine Angehörigen ließen einen nicht mehr benötigten Königlich-Sächsischen Kilometerstein zu einen Gedenkstein umarbeiten und stellten ihn an der Unfallstelle auf. Dieser wurde erst 1986 umgestürzt und völlig verwittert wieder aufgefunden. Auf dem Friedhof in Mittelsaida berichtet eine Grabinschrift von diesem Unfall.

Für den Bauernsohn Oswin Richard Baldauf; 1920; Mittelsaida (Ehemaliger Königlich-Sächsischer Kilometerstein)

Inschrift auf der Grabstelle (Friedhof Mittelsaida)

Mordsteine

*»Wenn die Berge und Wälder reden könnten
würden sie von Mord und Strassen=Raub
so viel erzählen, daß uns grausen dürffte,
mehr durch einen Paß und Wald zu gehen.«*

Christian Lehmann, Ende 17. Jh.

Mordsteine

1407 Zwickau / Meißen
1563 Chemnitz
1587 Freiberg
1611 Wegefarth
1616 Freiberg*)
1659 Mulda
1669 Reitzenhain
1679 Thum*)
1696 Beutha
1747 Dörnthal
1778 Ebersdorf
1813 Mauersberg
1817 Mauersberg
1817 Oberschöna*)
1827 Siegmar b. Chemnitz*)
1828 Bockau
1842 Voigtsgrün
1846 Cranzahl
1861 Altmittweida*)
1876 Großwaltersdorf
1878 Schweikershain
1917 Schweikershain*)
1930 Bockau
1947 Nassau
1954 Clausnitz

*) = verschollen

(Stand vom Dezember 1995)

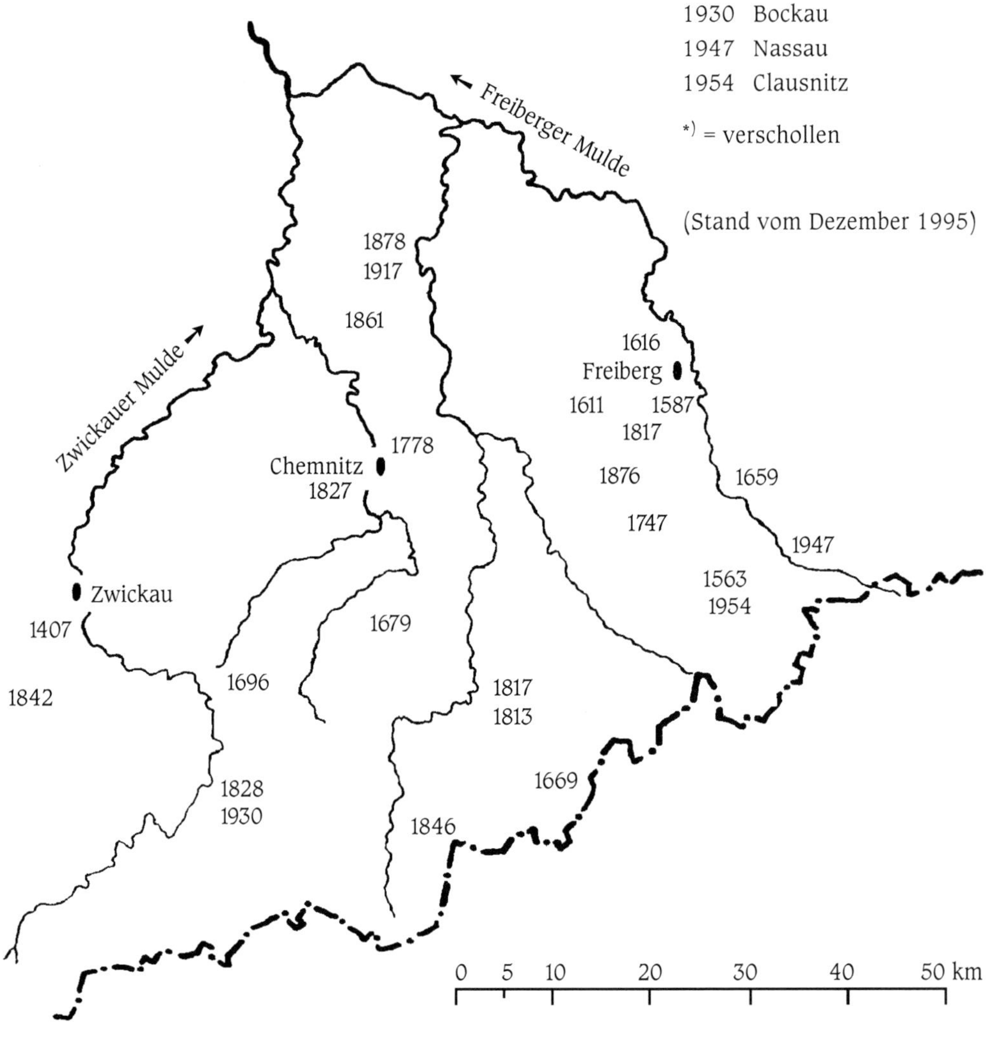

Dichte unwegsame Wälder, tiefe Täler und Schluchten, enge Hohlwege an steilen Berghängen, Streitigkeiten um Grund und Boden, unruhige Kriegs- und Nachkriegszeiten, Zechgelage in verwegenen Kneipen und finsterer Aberglaube, das war der Hintergrund, vor dem sich in den vergangenen Jahrhunderten viele Bluttaten ereigneten.

Vermutlich schon im 13./14. Jh. wurden Mörder dazu verurteilt, zur Sühne für die begangene Tat, ein steinernes Mord- oder Sühnekreuz an der Mordstelle zu errichten. Spätestens in der Mitte des 16. Jh. endete dieser Brauch und eine neue, bisher noch nicht geschriebene Geschichte beginnt.

Etwa in der ersten Hälfte des 16. Jh. setzten sich in unserer Landschaft andere Bräuche durch. Die neuen »Denk-Male« dienten nicht mehr der Sühne, sondern stellten die Bitte um das Seelenheil der Ermordeten in den Mittelpunkt. So berichtet zum Beispiel der Chronist Paulus Jenesius aus dem Jahre 1514 von einer Votivtafel, die damals in der Annaberger Klosterkirche hing:

»Johann Mengenmeyer, ein ansehnlicher Bürger, wurde von einem Meuchelmörder, welchen eine vornehme Reichsstadt dazu bestellet hatte, vor dem Kloster unversehens zu Boden gestochen. Dessen zum Gedächtnis setzte man eine Tafel, darauf der Meuchelmord abgemalet, in die Klosterkirche.«

Wenig später, bis in das ausgehende 18. Jh. hinein, versuchte man mit grausamen nicht mehr nachvollziehbaren Schauprozessen, Hinrichtungen und auch mit abschreckenden

Das Steinkreuz vom Meißner Burgberg als sagenumwobene Erinnerung an die Hinrichtung von 4 Zwickauer Bürgern im Jahre 1407

Denkmalen, der Verrohung der Sitten entgegenzuwirken. Beispiele dafür sind:

- die für jedermann an der Richtstätte lesbare detaillierte Beschreibung der Untaten des Mörders Simon Kastner in Freiberg im Jahre 1616
- die Aufstellung der »Schandsteine« in Beutha um 1700, mit der Aufzählung der Verbrechen des Räubers und Mörders Nicol List
- die Teilnahme von Schulkindern an einer öffentlichen Hinrichtung am »Grauen Stein« in Dörnthal im Jahre 1747 oder
- die zur »Schau-Stellung« des Kopfes einer hingerichteten »Kindesmörderin« nach 1778 in der Kirche zu Ebersdorf

Diese Abschreckung galt jedoch nicht für alle sozialen Schichten. Mordfälle, an denen Personen höheren Standes beteiligt waren, klärte man möglichst unauffällig und ohne großen Volksauflauf.

- So verschwanden die Leichen der im Jahre 1407, vermutlich ohne Prozeß, in Meißen hingerichteten Zwickauer Ratsherren in einem Kloster.
- Der in Churfürstlichen Diensten stehende Postreiter Friedrich Venus ermordete im Jahre 1611 den Herrn von Krostwitz auf Wegefahrth bei Freiberg und wurde später trotzdem Schloßhauptmann in Wittenberg. Das Grabmal des Krostwitz nennt wenigstens noch den Mörder. Im Gegensatz dazu wurden nach der Ermordnung des jungen Andreas von Schönberg aus Neusorge im Jahre 1565 die Hintergründe auf dem Grabmal völlig verschwiegen.

Mit dem »Zeitalter der Empfindsamkeit« im ausgehenden 18. und beginnenden 19. Jh. setzte ein deutlicher Wandel ein. Die abschreckende Funktion der Denkmale wurde aufgegeben. Dafür stellten nun die Hinterbliebenen oftmals schlichte mahnende Erinnerungsmale an den Orten des Geschehens auf.
Das setzt sich nahtlos fort bis in die jüngste Vergangenheit.
Die Erfassung der offiziell errichteten Mahnmale, Monumente, Gedenkstätten und Ehrenhaine für die massenhaften Opfer von Kriegen oder politischer Willkür ist der Gegenstand einer weiteren Arbeit.

»Die Nicol-List-Steine« um 1937 in der Toreinfahrt zum Friedhof

Der Zwickauer Ratsherrenmord

1407: In der Zwickauer Stadtgeschichte des beginnenden 15. Jh. nimmt die Hinrichtung des Bürgermeisters Mergenthal und drei seiner Ratsherren einen besonderen Platz ein.

Zwickau war am Ende des 13. Jh., wie Altenburg und Chemnitz, noch eine freie Reichsstadt. Doch nur wenig später drängte der Wettinische Ständestaat, von Meißen aus, ständig weiter westwärts und versuchte, zunehmend Einfluß auch auf die reiche Stadt Zwickau zu nehmen. Vermutlich schon im Jahre 1206 wurden die königlichen Rechte dieser Stadt an die Markgrafen von Meißen übertragen. 1219 ist in Zwickau erstmals ein markgräflicher Vogt nachweisbar. An der Wende vom 14. zum 15. Jh. regierte in Meißen der Markgraf Wilhelm I., »der Einäugige«. Über den markgräflichen Vogt und Hauptmann Conrad Brückner, dem Zwickauer Stadtrat Nicol Haugk und vor allem dem ehemaligen Bürgermeister Franziskus Steussing, war es ihm nach 1390 gelungen, wesentlichen Einfluß auf die Geschicke der Stadt zu nehmen. Eingestreute Gerüchte, Verleumdungen des Zwickauer Rates, Verrat geheimer Ratsbeschlüsse, Beschränkung der städtischen Gerichtsbarkeit und anderer althergebrachter Privilegien, brachten der Stadt schweren Schaden. Unerwartet starb am 9. Februar 1407 Wilhelm I. Der Rat der Stadt Zwickau sah seine Zeit gekommen, die verlorenen Rechte mit Macht zurückzuholen und die Vasallen des Markgrafen endgültig auszuschalten.

Der erst kurz vorher zum neuen Bürgermeister gewählte Peter Mergenthal forderte nur wenige Tage nach dem Tod Wilhelms I. den Haupträdelsführer und ehemaligen Bürgermeister Fran-

Zwickauer Bürger halten am 14. Februar 1407 Blutgericht über den Stadtrichter Franz Steussing (Handcolorierte Lithographie um 1860)

ziskus Steussing auf, sich vor dem Zwickauer Rat zu verantworten. Da Steussing nicht erschien, nahm man ihn gefangen. Bereits 5 Tage nach dem Tode des Markgrafen Wilhelm I. machten die Zwickauer mit Steussing kurzen Prozeß und enthaupteten ihn am 14. Februar 1407 öffentlich auf dem Marktplatz.

In Meißen sah der neue Markgraf Friedrich I., »der Streitbare«, darin eine unberechtigte Anmaßung der Gerichtsbarkeit, einen schweren Fall von Landfriedensbruch und Hochverrat. Er befahl umgehend, die Hauptverantwortlichen für die Hinrichtung des Steussing, den Zwikkauer Bürgermeister Peter Mergenthal und die Ratsherren Stephan Gulden, Johannes Gulden und Johannes Dythmar, vor das Gericht am Roten Turm in der Burg Meißen. Was sie dort erwartete, wußten sie im voraus. Sie nahmen einen letzten Abschied von ihren Angehörigen und nahmen ihre Sterbehemden mit.

Markgraf Friedrich I., gewarnt vor der Macht der aufstrebenden Städte, hielt sich nicht lange mit diesem Prozeß auf und statuierte für alle anderen sächsischen Städte ein warnendes Exempel. Noch am Tage ihrer Ankunft in Meißen, am 10. Juli 1407, wurden sie auf dem Burghof am Roten Turm enthauptet. Als besondere Gnade erlaubte er ihre Bestattung im nahegelegenen Augustiner-Chorherrenstift St. Afra.

Seit langer Zeit steht auf dem Meißner Burgberg, im ehemaligen Burghof, nur wenig rechts hinter dem Mitteltor, ein mächtiges, 1,3 m hohes, Steinkreuz. Eine Tafel daneben erläutert: »Seit 1068 Stelle des befestigten Hofes des kaiserlichen Burggrafen, des Verwalters der Burg und Stadt. Im 15. Jh. wurde dieses Amt vom Kurfürsten übernommen. - Steinkreuz, ev. Giebelkreuz des Domes. Nach der Sage Ort der Hinrichtung des Zwickauer Bürgermeisters und dreier seiner Ratsherren.«

Im »Goldenen Buch des Sächsischen Vaterlandes« wird um 1860 berichtet: »Die vier Zwikkauer Ratsherren liegen in der St. Afrakirche zu Meißen unter einem Leichensteine begraben, der

Grabmal Friedrichs des Streitbaren, † 1428, in der Fürstenkapelle im Dom zu Meißen

lange nachher noch an dem Zwickauer Stadtwappen kenntlich war.« Bereits zu dieser Zeit, oder nur wenig später, war dieser Stein verschollen.

Im März 1983 schachtete eine Baukolonne einen Kanal für eine neue Heizungsanlage in dem ehemaligen St. Afra-Kloster aus. Im Kreuzgang stießen sie dabei, in etwa 70 cm Tiefe, auf eine mächtige Sandsteinplatte, 2 x 2 m in der Fläche und 30 cm dick. Beim Säubern kam das alte Zwickauer Stadtwappen, es ist das älteste bisher nachgewiesene »Schwanen-Wappen«, wieder zum Vorschein. Einige Schriftzeichen und eingeritzte Figuren waren dabei erkennbar. Mit einem Flaschenzug hob man die 2 $^{1}/_{2}$ Tonnen schwere Platte vorsichtig an. Darunter fanden sich sieben Skelette. Vier davon hatten, wie die Experten des Landesmuseums für Vorgeschichte in Dresden feststellten, schwere Schäden an den Halswirbeln, durch eine Enthauptung. Die Grabstelle des Peter Mergenthal und seiner Ratsherren war wiederentdeckt. Die Herkunft der weiteren 3 Skelette blieb ungeklärt.

Spezialisten restaurierten und konservierten die Grabplatte. Denkmalpfleger stellten sie, nur wenige Meter vom Fundort entfernt, im Kreuzgang auf. Nun haben wir die vier Zwickauer, nahezu in Lebensgröße, nach fast 600 Jahren wieder vor uns: Links der Stephan, daneben der Johannes Gulden, dann folgt der Johannes Dythmar und rechts der Bürgermeister Peter Mergenthal. Alle mit ihren Sterbehemden und den Ratshüten bekleidet. Die Hände demütig zum Gebet gefaltet.

Heute befindet sich im Kreuzgang des Klosters St. Afra die Gaststätte »Monasterie«. Die Grabplatte steht nahe ihrem Fundort an der Wand – gleich rechts neben dem Tresen der Bar.

Die im März 1983 wiederentdeckte Grabplatte (Ausschnitt)
Von links: Stephan Gulden, Johannes Gulden, Johannes Dythmar, Peter Mergenthal

Der »Blutstein« in Clausnitz

1563: Im Unterdorf von Clausnitz, am Weg zum Bahnhof, liegt wenig unterhalb vom Haus Nr. 40, zwischen dem Straßenrand und dem Dorfbach, ein großer Felsblock. Ein Schild daneben berichtet:

»Am 10. Juli 1563 erschlug der Pfarrer Wolfgang Uhle den Ortsrichter George Bieber. Das Motiv ist unbekannt. Der Gedenkstein erinnert an diese Tat.«

Auf dem Gedenkstein sind ein kurzer Text und mehrere Symbole eingeritzt. Das größte Motiv ist ein Bogenkreuz, ein Christuskreuz, von einem Himmelsbogen überwölbt. Links davon ist das Tatwerkzeug, ein spitzer Hammer, zu sehen. Rechts davon symbolisiert ein Totenschädel Vergänglichkeit alles irdischen Lebens. An Schriftzeichen läßt sich entziffern:

D 8 AN
JULII 1563
W. UHLE G. BIBER
PASTOR JUDEX

(»JUDEX« = Richter.) Die Ursache, warum der Pfarrer Uhle den Richter Bieber erschlug, ist bis heute nicht geklärt. Diese Lücke bot großen Spielraum für zahlreiche romantische Geschichten. So »Das Blutmal« von Anton Ohorn, der »Pestpfarrer von Annaberg« von G. Busch (1939), K.H.Pollmers Spiel mit Musik »Wolfgang Uhle der Pestpfarrer von Annaberg« und andere.

Da erschlug der Pfarrer Uhle den Richter Bieber, weil er an diesen sein Geld im Spiele verloren hatte, oder weil der Richter dem Pfarrer sein bildhübsches Töchterlein nicht zur Frau geben wollte. Nahezu alles ist in der Zwischenzeit von der Heimatforschung als freie Erfindung widerlegt.

Was aber sind die geschichtlichen Fakten?

Im ältesten Taufregister der Gemeinde Clausnitz schrieb der Pfarrer Nicolaus Heinrich, als Amtsnachfolger des Pfarrers Wolfgang Uhle:

»Anno 1563 Jare, den 10. Julij, welcher war den Sonnabent nach Kiliani, ist der Richter zu Clausnitz Geörge Bieber, von dem pfarner doselbst Herr Wolfgang Ullen genannt, mit einem spitzigen Husserischen Hammer, welcher des Richters gewesen, erschlagen worden, unten im Dorff beij der Schmelzhütten.«

In einem 1542 angelegten Kaufbuch des Dorfes Clausnitz ist nachzulesen:

»Dieser pfar Wolfe Ullen ist ein Mörder gewesen, welcher den George biebern alhir mit einem Huscherischen Hammer erschlagen hat.«

Da in keinem Falle angegeben wird, warum der Pfarrer Uhle den Ortsrichter Bieber mit einem Hammer erschlug, bleibt alles andere Phantasie. Lediglich der erste Hinweis, daß der Hammer dem Richter Bieber gehörte, läßt vielleicht an eine Notwehr des Pfarrers Uhle denken.

Geschichtlich nachweisbar ist weiterhin, daß Uhle seit 1558 in Clausnitz als Pfarrer amtierte und 1563 den Ortsrichter tötete. Er flüchtete danach nach Böhmen. 1568 wurde er begnadigt und war dann für kurze Zeit in Annaberg als Pestilenzpfarrer tätig. Ein Jahr später kam er als Pfarrer nach Breitenbrunn. Hier wurde er »1594 am Altare vom Schlage getroffen und starb desselbigen Tages.«

Wer diesen »Blutstein« zu welchem Zweck gesetzt, ihn so benannt und diese Zeichen eingeritzt hat, ist unbekannt. Warum stehen hier die Namen des Mörders und des Ermordeten friedlich nebeneinander?

Bis um 1920 stand der Stein an der unmittelbaren Mordstelle, auf der anderen Straßenseite. Als er dort auf der sumpfigen Wiese zu versinken drohte, setzten ihn Heimatfreunde zum heutigen Standort um.

Heimatfreunde aus Breitenbrunn setzten etwa 1969 ihrem Pfarrer Wolfgang Uhle diesen Gedenkstein auf dem Friedhof in Breitenbrunn

»... weydenwund einwarz 3 fingergliedes lang« erstochen.

1587: In der »Schönberg-Kapelle« am Freiberger Dom steht neben zahlreichen anderen Denkmalen auch der Grabstein des Andreas von Schönberg. Lebensgroß, im Halbrelief, aufrechtstehend, in voller Rüstung, die Linke in die Hüfte gestemmt und die Rechte am Knauf seines Degens, sieht er uns an. Sein kecker Oberlippenbart und die moderne kurze Frisur vermitteln den Eindruck eines sehr selbstbewußten und lebensfrohen jungen Mannes.

Die Inschrift des Steines berichtet:

»ANNO 1587 DEN 31. /
IANVARI ZV ABENT ZWISCHEN
7 VND 8 /IST VORSCHIEDEN DER EDELE
GESTRENG VND ERNVESTE /
ANDREAS VON SCHONBERG ZV LINZ /
SEINES ALTERS 21 IAR.

Andreas von Schönberg wurde 1565 oder 1566 auf Neusorge, wenig südlich von Mittweida, geboren. 1582 ließ er sich in Wittenberg immatrikulieren. 1584 schrieb seine Mutter an den Churfürsten, daß er »der lateinischen und bohemischen Sprache leufftigk« sei und Lust habe, sich in fremde Länder zu begeben. Sie bat ihn um eine Empfehlung an den Herzog von Savoyen, damit er ihn als Hofdiener annimmt. Was weiter geschah, ist nicht bekannt. Am 10. August 1586 erhielt der nun 20jährige das zu 40.000 Gulden veranschlagte Lehen seines Vaters zu Neusorge und war damit ein sehr vermögender Grundherr.

Am 30. Januar 1587, kaum ein halbes Jahr später, erhielt Andreas von Schönberg eine Einladung zur Hochzeitsfeier des Christoph von Polentz auf dessen Rittergut Linz bei Großenhain. Es wird bei Tanz und reichlichem Trunk sehr fröhlich zugegangen sein. Vielleicht gehörte es damals zur guten Sitte, daß man auch beim Tanze sein Paternoster, das heißt, den Rosenkranz, in den Händen hielt. Bei einer solchen Gelegenheit riß das »Schnürlein« am Rosenkranz des Andreas von Schönberg. Ein anderer Gast, Heinrich von Lüttichau, bot sich an, es wieder zu verknoten. Dabei fielen ihm versehentlich einige der kleinen aufgefädelten Korallen zu Boden. Der vermutlich etwas jähzornige Andreas von Schönberg »gerieth dar-

über in grossen Zorn und hörte nicht auf zu fluchen und zu schelten«.
Christoph, der Bruder von Andreas, und andere Gäste bemühten sich, die Streithähne auseinanderzubringen. Um den Streit zu beenden, ging Lüttichau auf den Hof. Plötzlich kam Andreas mit dem Rufe »Wo nun! Was da!« zog vom Leder und bot Lüttichau die Spitze. Nach kurzem Kampf fiel Andreas zu Boden. Lüttichau ergriff die Flucht.
Am nächsten Tag stellte man fest, »das an dem entseelten Körper sich mehrere Stiche befanden, unter denen einer in der rechten Seite welcher weydenwund einwarz nach der linken Seite ein gut viertell Ellen tief und 3 fingergliedes lang so dass die Eingeweide bei 2 Fäusten gross ausgetreten waren.«
Am 8. Februar 1587 wurde Andreas von Schönberg in der Kirche zu Frankenberg beigesetzt. (Sein Grabstein erhielt erst im Jahre 1878 seinen jetzigen Platz, in der Schönberg-Kapelle in Freiberg.)
Am 28. Februar 1587 reichten die 3 Brüder des Andreas beim Churfürsten Christian I. eine Bittschrift ein, damit dieser Fall zur Verhandlung kommt. Der Churfürst befahl am 8. März 1587 dem Amtsschößer zu Dresden die Eröffnung des peinlichen Prozesses. Die sich nun anhäufenden Gerichtsakten berichten sehr ausführlich über den weiteren Vorgang. Ein Stück vom Hemd des Toten spielte dabei als »Leibzeichen« eine besondere Rolle. Sehr detailliert wird beschrieben: »wie sich denn Peter Thomas an des Leibzeichen gedinget und mit dem rechten Fusse darauf getreten, so hat er alsdann die 3 Zeter geschrieen mit Ausziehung einer blosen Wehre, wie sichs eignet ...«
Erst bei dem dritten hochnotpeinlichen Halsgericht kam es zu einer Entscheidung, »wie nach peinlicher Art gebräuchlich mit Hand und Mund und Ergreifung an das Schwert.« Am 23. August 1588 wurde schließlich das Schöppenurteil gesprochen und der Beweis der Anklage anerkannt.
Damit enden die Akten. Ob der Herr von Lüttichau je verurteilt wurde oder ob man sich standesgemäß und gütlich einigte, ist nicht bekannt.

In Freiberg »ohne Vrsach erstochen«

1611: In der kleinen, 1840 neu erbauten Dorfkirche in Wegefarth, 7 km westlich von Freiberg, steht der Grabstein des Hans Heinrich von Krostwitz. Dieser wurde, wie darauf zu lesen ist, im Jahre 1611

»Ohne Vrsach erstochen«.

Der Freiberger Bergbau brachte der Stadt im 17. Jh. große Gewinne. Da saß das Geld locker und brachte den Schenken und Kneipen reichen

Freiberger Trinkstube um 1563

Umsatz. So ist es kein Zufall, daß gerade hier bereits im 16. Jh. eine schriftliche »Trinkstubenordnung« durch den Rat der Stadt verfaßt wurde, um Ordnung in dieses wüste Treiben zu bringen. Darin ist genau festgelegt, wie sich der Besucher solcher Stuben ehrbar und züchtig zu verhalten hatte. Das laute Tumultieren, das Führen unflätiger Reden, das Saufen über alle Maßen und vieles andere war strikt untersagt. Das galt im gleichem Maße für den geringen Mann, wie für den angesehenen Bürger. Dieser schien sich jedoch nicht immer daran zu halten.

Grabstein für den Ermordeten von Krostwitz in der Wegefarther Dorfkirche

Auf dem Herrensitz zu Wegefarth lebte in den Jahren 1585 bis 1611 der »Edle Gestrenge und Ehrenveste Hans Heinrich von Crostewitz, des Churfürstlichen Oberhof Gerichts Assesoren«, als Lehn- und Erbherr.

Dieser von Krostwitz hatte bereits in jungen Jahren ein bewegtes Leben hinter sich gebracht. Ein von ihm im Jahre 1609 verfaßter Lebenslauf berichtet, was für so einen Mann von Stand damals bedeutsam schien.

Im Jahre 1566 wurde er geboren. Etwa mit 36 Jahren begab er sich für 5 Jahre auf Reisen nach:

»ITALIEN, KRAIN, KÄRNTEN, STEIERMARCH, ÖSTREICH, VNGERN, TÜRGEY, FRANCHREIG, VND SPANIEN, VND ANDER ÖRT, VND WIEDERVMB VF ENGELANT, SELAND, HOLAND VND SESTETTE ..."

»DURCH DAS ALMÄCHTIGEN HÜLF« kam er wieder zu Hause an und lernte Sybilla von Ponickau kennen. Am 27. April 1597 hat er mit ihr »ZV GRIMA AUF SCHLOS IN EINER GROSSEN FVRNEHMEN ADELICHEN VORSAMLVNG SEIN BEILAGER GEHALTEN.« Sein erster Sohn wurde noch im gleichen Jahr geboren.

Aus dieser Ehe gingen weitere 5 Kinder hervor, von denen eines tot geboren und ein anderes nur wenige Tage lebte.

Am 11. August 1608 oder 1609 starb Sybilla von Krostwitz. Beide hatten miteinander eine »GUTTE FRIDLICHE HERZLICHE VND TREVE EHE IN 12 JAHR« verbracht. Hans Heinrich widmete ihr in der Kirche zu Wegefarth ein schönes Epitaph, an dem sich seine Familie noch einmal betend um ein Kruzifix versammelt. Nun lebte er als 43jähriger mit 4 Kindern allein. Ihn wird es oft aus seinem stillen Dorf dahin gezogen haben, wo »etwas los« war, in die Schenken nach Freiberg.

Am Sonnabendabend des 16. März 1611, saß er wieder einmal im Gasthof von Georg Buchführer in der Petersgasse. Die in der Trinkstubenordnung festgelegte Sperrstunde war längst überschritten, aber Hans Heinrich von Krostwitz hatte hier einen anderen weitgereisten Mann von Stand kennengelernt. Es war der 46jährige Churfürstliche Postreiter Friedrich Venus von Graupen. Über das weitere Geschehen liegen unterschiedliche Darstellungen vor.

- Auf dem Grabstein des Hans Heinrich von Krostwitz steht, daß er »von Friedrich Venus ohne Vrsach erstochen« wurde.
- Der Chronist Möller berichtet, daß der von Krostwitz »beym Truncke entleibet« wurde.
- Der Pfarrer zu St. Petri trug in das Sterbebuch ein:
  »1611, 16. Martii Sonnabends vor Palmarum, des nachts zwischen 11 und 12 Uhr ist der Edle, Gestrenge und Ehrenveste Herr Hans Heinrich von crostewitz, Lehn- und Erbherr zu Wegefahrt in Georgen Buchführern Gasthofe von Friedrich Venus, herzog Johann Georg Postbereuter, meuchlings und schelmiger Weise vom Leben zum Tode gebracht und mit einem Hirschfenger das Herze abgerannt und erbermlich erstochen worden.
  Am 19. Marty ist er nach Wegefahrt geführet worden. Wir haben ihn mit dem ganzen Ministerio bis ins Spital getragen. Zwischen Viehof abgedankt worden, auf einen Wagen geladen und nach Wegefahrt geführet.«

Mit dem »ganzen Ministerio« war wohl die Geistlichkeit von St. Petri gemeint, die dem Krostwitz am Viehhof den letzten Segen erteilte.
In der alten Wegefarther Dorfkirche neben dem Rittergut wurde er beigesetzt. Angehörige widmeten ihm einen standesgemäßen Grabstein, auf dem der Ermordete etwa in Lebensgröße, vermutlich sehr lebensecht und in voller Ritterrüstung dargestellt ist.
Was aber wurde aus dem Mörder Friedrich Venus? Dieser Mann stand in Diensten und damit weitgehend im Schutz seines Landesherrn, dem Herzog Georg von Sachsen. Venus hat sich nach der Tat »alsbald durch Flucht salviret«. Da er kein »gemeiner Mann« war, konnte er auch kaum einer peinlichen Tortur unterzogen oder gar zum Spott allen Volkes öffentlich hingerichtet werden. Wie der Chronist Möller berichtet, hat er sich »folgends außgesöhnet und ist Schloßhauptmann zu Wittenberg worden.« Dort starb er am 1. Oktober 1634 im Alter von 68 Jahren.

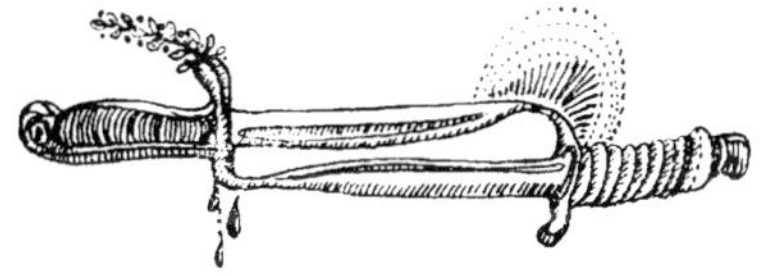

»... sechsmal mit glüenden Zangen zerfleischet, ...«

1616: Zur abschreckenden Wirkung war es vor allem im 17.-18. Jh. üblich, die Hingerichteten, am Galgen Hängenden oder die auf ein hohes Rad Geflochtenen, weithin sichtbar und mahnend, den Raben zum Fraße zu überlassen.
In Freiberg hat man in einem besonders schaurigem Falle am hohen Rad als »Denk-Mal« das Mordwerkzeug, eine Axt, aufgesteckt, »und zu dessen Gedächtnus folgende Schrifft auff ein Täfflein an die Seule / darauff das Rad gestanden / angehefftet.«

SIMON KASTNER VON REICHSTADT IST
WEGEN SEINER BEKANDTEN SCHRECKLICHEN
UNMENSCHLICHEN MORDTHATEN UND
BERAUBUNGEN / SO ER AN SIEBEN
UNTERSCHIEDLICHEN PERSONEN / ALS
VIEREN IN DER STADT / IN IHRER
EIGNEN BEHAUSUNG / MIT EINER
HOLTZAXTE / UND EINER IN DER
VORSTADT IN SEINEM GEMIETETEN
HAUSE / GLEICHFALLS MIT DER
HOLTZAXTE / ZWEEN ABER AUFF DER
BÖHMISCHEN LANDSTRASSEN VERÜBET /
AUCH DAß ER ZU TEUTSCHENBOHRA
DIE SCHENCKE SAMBT DEM
BRAUWHAUSE / UND DIE VIER
ERSCLAGENEN CÖRPER IN DER STADT
ALLHIER MIT FEWER ANGESTECKET /
DEN 15.MAII DIESES 1616.JAHRES /
MIT GLÜENDEN ZANGEN SECHSMAL
GERISSEN / VON UNTEN AUF GERÄDERT /
UND ANDERN ZUM ABSCHEW UND EXEMPEL
AUFF DIS RAD GELEGET WORDEN.

Der Freiberger Chronist Andre Möller hat, in seinen im Jahre 1653 erschienenen »Freiberger Annalen ...«, über dieses Ereignis ausführlich berichtet.
Danach hatte der Tagelöhner Simon Kastner, aus Reichstadt bei Dippoldiswalde, »am 15. Februarii Abends in der Temmerung« den Freiberger »... Bürger und Kramer Andreas Köhler, seine Frau, den 11jährigen Sohn und seine 9jährige Tochter in ihrem Hause der alten Badstube gegen über / jämmerlich mit einer Holtzaxt erschlagen«.
Nachdem er das Haus ausgeraubt hatte, brannte er es an. Am Morgen schrie er dann selbst um Hilfe und schleppte Wasser zum Löschen herbei, um sich außer Verdacht zu bringen.
Der Stadtphysikus und der Balbierer untersuchten die Ermordeten, und der Chronist Möller beschrieb später die Wunden der Erschlagenen sehr ausführlich und abschreckend.
Der Simon Kastner geriet als Mörder bald in Verdacht und wurde sehr schnell gefangen genommen. Unter der Tortur bekannte er mehrere andere Morde.
Den Gerichten kam es zu dieser Zeit nicht darauf an, das gefällte Todesurteil so unauffällig wie möglich zu vollstrecken. Im Gegenteil, es wurde ein möglichst großer Volksauflauf angestrebt, um einerseits eine abschreckende Wirkung zu erzielen und gleichzeitig den Schutz der Bevölkerung vor solchen Verbrechern zu demonstrieren.
Simon Kastner wurde wie folgt hingerichtet:
»... also daß er erstlich sechsmal mit glüenden Zangen zerfleischet / als einmal für dem Rathhause / zweymal für der Erschlagenen Hause /

zweymal auff dem Marckte / und einmal auff der Petersgasse / für dem Kramladen in Michael Pragers Hause / daraus er den Sohn selbst abgeholet und heimkommen heissen / ehe er ihn erschlagen. Hernach ist er auff dem Rabensteine / damit es jederman sehen könne / von unten auff gerädert (da er denn / als er schon sieben und zwantzig starcke Stösse mit dem Rade auff die Schenckel / Arme und Leib außgestanden / noch den Kopff aufgerichtet / und zu trincken begehret) letztlich auff ein hohes Rad geflochten ...«

Die Chronisten schweigen sich aus über den erreichten Zulauf. Doch dürfte dieser Vorgang einige tausend Schaulustige, vom Kind bis zum Greis, angezogen haben.

Der Mordstein in der »Grüne« bei Mulda; 1659

Der »Mordstein« bei Mulda

1659: Auf der Höhe, westlich über dem Tal der Freiberger Mulde, zieht sich eine uralte Geleitstraße aus dem Gebirge, über Clausnitz und Mulda nach Freiberg. Dort, wo dieser heute noch sehr reizvolle Wanderweg in das Forstrevier »Die Grüne« führt, weisen mehrere Hinweisschilder zum Mordstein. Dieses Denkmal steht etwas abseits der Geleitstraße, an einem nur wenig begangenen stillen Waldweg.

Die kleine Säule aus Sandstein läßt die Reste einer alten Inschrift erkennen. Die Worte »Dragoner, ... beraubet, ... ermordet, ... Gericht«, versprechen eine interessante Geschichte. Diese läßt sich nach zeitgenössischen Quellen wie folgt rekonstruieren.

Im Kirchenbuch Clausnitz ist unter dem Jahre 1659 eingetragen:

»... den 9. Sept ist Georg Hegewalt, Gemein Mann allhier, früh nach Freybergk gefahren, als er aber in die Grün kommen, ist er unversehens von 2 Böhmischen Soldaten überfallen, und von den einen erstochen worden, darauf er den 13. dieses mit einer leichenpredigt zur Erden bestattet worden. Der Mörder beneben seim gesellen, sind bey Burksdorff erwischt, nach Frawenstein geführet und gerädert worden.«

Ein anderer Zeitgenosse, der Erzgebirgschronist Christian Lehmann, beschreibt den Mord in seiner Erzgebirgischen Kriegschronik etwas ausführlicher:

»Anno 1659. In September ritten des Obristen Cappauns Tragoner sehr herauß über die grentze außß Böhmen und mauseten. Den 9. September wolten sie bey der Grüne in der Straße auf Freyberg einen Fuhrmann Georg Hegenwald von der Clausnitz seine Pferde nehmen, die der Fuhrmann ihnen nicht wolte nehmen laßen, biß sie ihn tod gestochen. Die wurden beyde in Frauenstein gerichtet: Den 4. November der

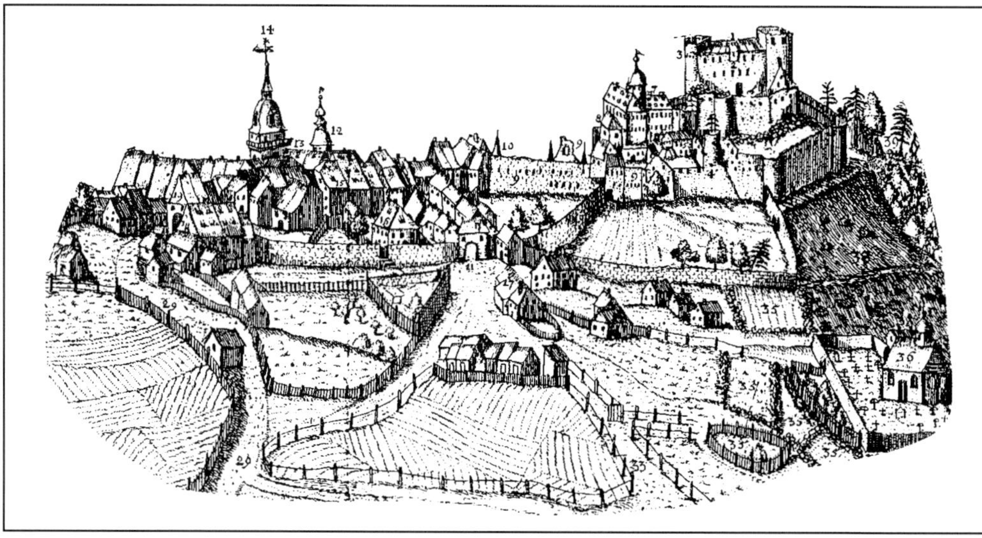

Frauenstein um 1748; hier wurden Thomas Heinrich und Bartel Schultze im Jahre 1659 gerichtet

eine, Thomas Heinrich, ein Westpheliger, wurde geredert, der andere Bartel Schultze den 5. Januar Ao. 1660 decollirt und aufs rad geflochten.«

1748 nahm sich der Frauensteiner Chronist Christian August Bahn nochmals dieser Geschichte an. Er legte seiner Darstellung offensichtlich die Frauensteiner Gerichtsakten zugrunde und berichtete:

(1659): »den 9. Sept. überfielen 2. Kayserl. Dragoner, Nahmens Heinrich Thomas, und Barthel Schultze, in dem Holze, die Grüne genannt, auf Frauensteinischer Amts-Jurisdiction George Hegewalden aus der Claußnitz, so mit Lohe nach Freyberg fahren wolte, spanneten ihm nicht nur die Pferde aus, sondern gaben ihm nicht nur einen Stich ins Bein, daran er sich verblutete, und nicht weit davon starb. Diese Straßen=Räuber und Mörder wurden sogleich verfolgt, Thomas wurde, da er zu Fusse durch Frauenstein passirte, angehalten, und Schultze mit den Pferden zu Berthelsdorff arretiret,und sodann nach Frauenstein geliefert, den 4. Nov. wurde Thomas, als der den Bauern gestochen hatte, in Frauenstein gerädert, und aufs Rad geleget, und Schultze ao.1660. den 5. Jan. auf sein unterthänigstes Suppliciren mit dem Schwerd gerichtet, und sein Cörper auch aufs Rad geflochten.«

Das kleine Denkmal bereitet der Geschichtsforschung noch heute einiges Kopfzerbrechen, denn der verbliebene Rest der Inschrift läßt vermuten, daß dieser Stein ursprünglich eine etwas andere Form hatte und erst später zu einem Forstgrenzstein umgearbeitet wurde. Ein ehemaliges »Mord- und Sühnekreuz« dürfte es jedoch nie gewesen sein.

Der »Mordstein« an der Straße nach Reitzenhain

1669: Die heutige B 174 über Chemnitz, Zschopau, Marienberg zum Grenzübergang in Reitzenhain gehört zu den ältesten Paßstraßen des Erzgebirges. Wenig westlich dieser Straße sind streckenweise noch tiefe Fahrspuren vom jahrhundertelangen Fuhrwerksverkehr eingegraben.

Etwa 1,5 km vor dem Ortseingang von Reitzenhain steht am Straßenrand ein im Jahre 1929 von Heimatfreunden errichteter kleiner Gedenkstein. Er erinnert daran, daß hier zwischen 1400 bis zum Jahre 1823 eine Umspannstelle für den starken Fuhrverkehr stand. Hier hielten im Laufe von 4 Jahrhunderten Tausende von Fuhrwerken, um die Pferde am »Tränktrögel« zu versorgen oder zu wechseln.

Auf der östlichen Straßenseite, etwa 100 Meter entfernt, steht an einem stillen Waldweg ein Gedenkstein für den Rittmeister Johann Paul Münch, der hier, vermutlich bei einer Rast, an dieser Umspanne ermordet wurde.

Er trägt die Inschrift:

Drauriges Andencken
Tit.

Herrn Rittmeister Johann Paul Münch sehl.
welcher allhier
am 23.Aprillis Ao.1669 von einigen ab,
gedanckten Officirern so als Kauff=Leuthe
mit Ihme gereißet straßenräuberisch ist
angefallen, mit einem Schuße durchs Haupt
ermordet und ausgeplündert worden.
Die Thäter aber wurden zu Eysenach
balde attrapiret, dafür zur
Strafe gezogen und
folgenden 3.July daselbst
auffs Radt geleget.

Auf der Rückseite des Steines wird an dieses Ereignis in lateinischer Sprache nochmals mahnend erinnert.

Dieser Mord und seine Folgen hat die Geschichtsforschung mehrfach beschäftigt.

Christian Lehmann, ein Zeitgenosse dieses Rittmeisters Münch berichtete:

»Anno 1669. den 23.April wurde auf der Reitzenhayner Land=Strasse bey der hohlen Tanne übern Träncktrögel / Nach Marienberg zu / frühe zwischen 8 und 9 Uhr mörderisch niedergeschossen ein Kayserlicher unter das Schelhartische Regimen gehöriger Rittmeister / Herr Johann Paul Münch / Evangelischer Religion / der von Prag aus nur mit einem Knecht/ Philippo Pregner und 3 wohlbeladenen Pferden nach Leipzig auf die Messe reiten wollen zu seinem Bruder / einem Chur=Sächs. Obersten. Zu wel-

Der Mordstein für Rittmeister Münch an der Straße nach Reitzenhain; 1669

chen sich auf dem Wege nicht weit von Commodau in Böhmen vier abgedanckte Kayserl. Officirer / nebst ihren drey Dienern gesellet / und sich vor Kauffleute ausgegeben / nach verübten Mord auf des Rittmeisters Knecht loßgegangen / ihm 2 Kugeln ins rechte Bein geschossen / der aber vom Pferd gesprungen / und im Walde kümmerlich mit dem Leben davongekommen. Weil nun der Rittmeister nicht alsobald todt blieben / haben die Mörder ihn vollends mit den Schaalhölzern / damit der Weg gebrückt gewesen / zu todt geschlagen / den Cörper eine Ecke in den Wald geschleppet / und mit Reisig zugedecket / Pferde und 1000 Ducaten geraubet / und darauff ihren Weg nach Thüringen genommen.

Nicht weit davon hatte der Wolckensteinische Amts=Zimmermann zu verrichten / der hörte die Schüsse und das Geschrey / trifft auch des Rittmeisters Knecht an / und als er den Grund allen Verlauffs eingenommen / zeigt ers eilends dem Amt Wolckenstein an / welches nicht nur Steckbriefe umher / sondern stracks nach Leipzig schicket / und den Mord offenbaret.

Darauf dann des ermordeten Bruder mit Chur=Fürstl. Convoy die Mörder eilends verfolgt / und sie zu Eisenach im Gasthoff am Marckt gerade bei der Mittagsmahlzeit angetroffen / und peinlich einziehen lassen / darvon dreye nach eingeholten Urtheil geviertheilt und mit dem Schwerd gerichtet / der vierdte aber hat sich im Gefängniß mit Gifft vergeben / ihre drey Diener sind zur Staupe geschlagen / und des Landes ewig verwiesen worden.«

In der Eisenacher Geschichtsliteratur wird dieser Fall im Jahre 1928, unter Auswertung der zeitgenössischen Niederschrift des Eisenacher Stadtzimmermeisters Georg Dressel, vom Tathergang bis zur Hinrichtung ausführlich behandelt.

Der Rittmeister Paul von Münch aus Kursachsen, stand ehemals in kaiserlichen Diensten und hatte wesentlich zum Sieg über die Türken beigetragen. Von einem türkischen Großwesir wurde ihm der Befehl über seine Garden angeboten und ihm ein kostbar verzierter Säbel geschenkt. Mit Orden geschmückt trat er mit seinem Reitknecht und vier prächtigen Schimmeln seine Heimreise von Wien aus an.

»Die Mörder sind gewesen:

1. Hanß Beyer / Lieutenant von Caden / der daselbst Hauß und Hoff gehabt / und seine Tochter an einen Secretarium zu Prag verehelıget / der hat den ersten Schuß mit dem Carbiner gethan.« Er war es auch, von dem die Idee zur Ermordung des Rittmeisters ausging. »An der Grenze fielen Haitmar und Richter dem Rittmeister in die Zügel und hielten seine Pistolen fest, währenddessen zerschmetterte der Leutnant Beyer ihm von hinten mit einem Karabinerschuß den Kopf.«

   In der Rangfolge der beteiligten Offiziere war er der niedrigste und an Jahren der älteste, ein großer starker Mann mit ergrauten Haaren. Er wird als »Erzstraßenräuber« und als ganz gewissenloser Mensch beschrieben.

   »Fast noch ein Kind, trat er während des großen Krieges in die kaiserliche Armee ein. Später war er in spanischen, französischen, schwedischen, dänischen und kursächsischen Diensten.«

   Beyer wurde des Mordes für schuldig befunden und gerädert, »auf der für ihn bestimmten blutigen Vorrichtung ausgestreckt, und der Scharfrichter Nicolaus Wahl, aus Wasungen, gab ihm schon mit dem ersten kräftigen Stoß den Tod.«
2. »Wilhelm von Haitmar ein Herr zu Hönsah und Oberster Wachtmeister aus dem Lükker=Land / unter Chur=Cölln / der daselbst zwey Rittersitze hat / davon er einen dem Bürgermeister zu Eisenach geschenket.

3. Martin Wilhelm von Pful ein Nobilis aus der Marck Brandenburg / Lieutenant und sein Knecht auch daher.
4. Christoph Richter ein Capitain Lieutenant von Altstadt / der grosse Kinder / auch einen Magister zum Sohn auf der Universität gehabt.«

Der Hinrichtung dieser Vier ging eine grausame Folter, unter Anwendung von Daumenschrauben, Beinschrauben und mehrfaches Hochziehen auf einer Leiter, voraus.

Am 23. Juli wurde in Eisenach in aller Frühe, unter Beteiligung fast der ganzen Stadt, ein Gottesdienst abgehalten. Dann wurde auf dem Markt das Halsgericht eröffnet. 450 Pikeniere und Musketiere sperrten die Richtstätte ab. Beyer trat großspurig auf, Haitmar flehte und bat unter Tränen um Begnadigung. Nun ging der ganze Zug zur Richtstätte auf den Goldberg, auf dem bereits eine Abteilung Soldaten aufmarschiert war. Haitmar mußte auf einem Karren gefahren werden. Sein Kopf fiel zuerst unter dem Schwerthieb des Eisenacher Scharfrichters Gerich.

»Die Leichname der Verbrecher wurden auf drei verschiedene Räder geflochten, andern zum abschreckenden Beispiel, den Raben zur Nahrung.«

Um 1930 griff der »Rasende Reporter«, Egon Erwin Kisch, diesen Vorgang auf. Er stützte sich dabei mit Sicherheit auf die im Jahre 1928 erschienenen »Bilder aus Eisenachs Vergangenheit«. Seine Darstellung diente in seinem »Prager Pitaval« als Nachweis, daß sich der moralische Verfall nach dem 30jährigem Krieg nicht nur auf das plündernde Fußvolk beschränkte.

Auch später noch wurde dieser Stoff literarisch verarbeitet. Über die eigene Geschichte des Gedenksteines im Reitzenhainer Forst ist nur wenig bekannt. Die Schriftform und Textgestaltung sprechen dafür, daß dieser Stein nur wenig später nach dieser Tat errichtet wurde. Nach einer weiteren Inschrift wurde er vom Erzgebirgs-Zweigverein Reitzenhain im Jahre 1898 erneuert.

Erschlagen »unterm Thum in Gelenauischer Gegend.«

1679: Am 8. Mai des Jahres begab sich der Posamentierer-Geselle Christoph Lehmann aus Annaberg auf den Fußmarsch nach Leipzig. Vermutlich war dieser Christoph ein sehr schwieriger Mensch, und es hatte wieder einmal mächtigen Krach daheim gegeben. Der Chronist Arnold hielt es zumindest für wichtig aufzuschreiben, »daß ihme seine Mutter schon in seiner frühen Jugend gewünschet haben soll, daß ihn der Donner erschlagen möchte, welches den Mütterl. Fluch bedenken läßet.«

Christoph wanderte nicht allein, sondern in Begleitung von »zween Alumnis«, also Schülern aus Annaberg. Die drei kamen auch nicht sehr weit. Bereits »unterm Thum in Gelenauischer Gegend« wurde er von den beiden Schülern erschlagen, »wie der daselbst auffgerichtet Leichenstein besaget.« Warum es so war, weiß niemand zu berichten. Die Kirchenbücher schweigen sich aus.

Der Stein wurde vermutlich im Laufe der Zeit vergessen. Sein einstiger Standort ist nicht mehr bekannt, doch eine Suche danach könnte sich lohnen.

Die Nicol-List-Steine in Beutha

Beutha; Lithographie 1845

1696: Nur wenig entfernt von Hartenstein, an der Zwickauer Mulde, liegt das langgestreckte alte Waldhufendörfchen Beutha. Oberhalb vom Abzweig nach Raum steht die Dorfkirche. Dahinter umschließt eine niedrige alte Mauer den kleinen Friedhof. An der Mauer, unter einem schmalen Holzdach, lehnen drei alte verwitterte Gedenksteine zur Erinnerung an Nicol List, den »weltbekannten Dieb, Kirchenräuber und Mörder.«
Der mittlere Stein ist der spärliche Rest einer »Schandsäule«. Links und rechts stehen die Gedenkkreuze für zwei Mordopfer. Wie der Pfarrer Gotthelf Friedrich Oesfeld im Jahre 1777 berichtete, war diese erste Schandsäule schon so verwittert, daß sie im Jahre 1775 erneuert werden mußte. Auf ihr war folgender Text zu lesen:

»An diesem Ort hat gewohnet der weltbekannte Dieb, Kirchenräuber und Mörder Nicol List, von Waldenburg bürtig, welcher in der Johannis=Nacht 1696 von einer aus dem Amte Hartenstein nach ihm geschickten Folge den Landschöppen Christoph Kneuflern und noch einen Bürger aus Hartenstein, Gottfried Eckhardten jämmerlich erschossen, und darauf die Flucht ergriffen.
Auf der gnädigen Herrschaft Befehl aber ist das hiergestandene Listische Haus gänzlich niedergerissen, und wider den flüchtigen Mörder mit der Acht verfahren worden.«

1774 waren »folgende Worte itzt, da der Stein gesunken ist, mit Erde bedecket.«
Auf der Rückseite war zu lesen:

»Nachdem nun Nicol List den 9. Nov. 1697 wegen der bey den hier begangenen Mordthaten zu Hartenstein in die Acht erkläret worden: ist er wegen anderer Uebelthaten zu Graitz gefänglich einkommen, und von dar nach Hof geführet, hiernächst aber, ob ihm gleich ein scharfes Todes=Urtheil gesprochen gewesen, dennoch als ein Miträuber der köstlichen Lüneburgl. Tafel erst nacher Zelle ge-

bracht, allwo er wegen bekannten wichtigen Deuben, neun Kirchen=Rauben, und dieser 2 Mordthaten den 22. May 1699 seinen Lohn empfahen, indem er von unten auf mit 8 Schlägen zerschmettert, und ihm noch lebend der Kopf mit dem Beil abgehauen worden selbiger auf einen Pfahl genagelt, der todte Cörper aber auf dem Scheiterhaufen verbrannt worden.«

Die beiden Gedenkkreuze standen schon damals links und rechts neben der Schandsäule und erinnerten an die beiden Mordopfer. Auch hier sind die ehemaligen Texte noch überliefert. Auf dem linken Kreuz stand:

»Christoph Kneuffler, Land- Und Gerichtsschöppe zu Hartenstein, ist allhier in der Johannis-Nacht 1696 von Nikol List mit einer ins Gevierdte gespaltenen Kugel erschossen und dem nächsten Sonntag darauff zu Hartenstein ehrlich begraben.«

Auf der Rückseite war zu lesen:

»Dieser ehrliche Mann ist 50 Jahr, und 27 Wochen alt gewesen, hat eine betrübte Witbe und eine Tochter hinterlassen.«

Das rechte Kreuz trug die Inschrift:

»Gottfried Eckardt, Bürger und Hoffleischer zu Hartenstein, ist allhier in der Johannis-Nacht 1696 von Nikol List mit zweien metallenen Kugeln erschossen, und dem nächsten Sonntag darauf zu Hartenstein ehrlich begraben.«

Auf der Rückseite war zu lesen:

»Dieser Mann ist 34 Jahre und 34 Wochen alt gewesen, hat eine arme Witbe und 3 kleine unerzogene Kinder, als 2 Söhne und eine Tochter hinterlassen.«

Über Nikol List und seine Schandtaten liegen verhältnismäßig reichhaltige und zuverlässige Nachrichten bis zu seinem reumütigen Testament vor. In diesem bittet der 45jährige List vor seiner Hinrichung den »Hochgräflich Hartensteinischen Beambten: »Wie es nach meinem todt soll gehalten werden, was an außenstehenden Schulden und geld auch mit den Mobilien soll gehalten werden, ...««

Dann zählt er allen Besitz bis zu seinen Büchern und Kleidungsstücken auf und bittet am Schluß nochmals seine Frau und seine hinterbliebenen Kinder um Verzeihung.

»... und wünsche nochmahls allen Zu Tausendmahl tausend gute Nacht.«

Hoff, den 22. Oktober Anno 1698. Nicolaus List.«

Damit war diese Geschichte noch nicht abgeschlossen. Ein solcher Lebenslauf und Abgang bot den idealen Stoff für zahlreiche Legenden am Scheideweg zwischen Dichtung und Wahrheit. Immer wieder taucht die Frage auf, ob dieser List vielleicht doch irgendwo einen Teil seiner zusammengeraubten Schätze versteckt hat. Im Jahre 1777 berichtet der Lößnitzer Pfarrer Friedrich Oesfeld: Von Nicol List »rühret noch itzt eine Cammer in der Pfarre daselbst her, welche noch itzt Nicol Lists Cammer heißet. Er hat einst solche dem Pfarrer angegeben, welcher einst ein Behältnis gewünscht hat, welches die Diebe nicht leicht erbrechen könnten.« Wenn List »auf Reisen« war, hat er den Pfarrer gebeten, »seine besten Effekten in der benachbarten Pfarre verwahrlich aufzuheben.« Es ist auch beschrieben, wie diese Kammer »mit Stangen und wieder mit Querstangen zusammengehalten und befestiget sind.«

Die drei Nicol-List-Steine entwickelten in der Zwischenzeit eine eigenständige Geschichte.

Die vermutlich schon 1699 aufgestellte erste Schandsäule wurde 1775 erneuert. Zusammen mit den zwei Steinkreuzen blieb sie dann an ihrem alten Standort, an der Dorfstraße vor dem Haus Nr.58 b, in einem feuchten Wassergraben stehen. Damals war der Text auf diesen Steinen noch weitgehend gut lesbar. 1930 wurden sie in das Torhaus am Friedhof umgesetzt und um 1954 erhielten sie ihren heutigen Platz.

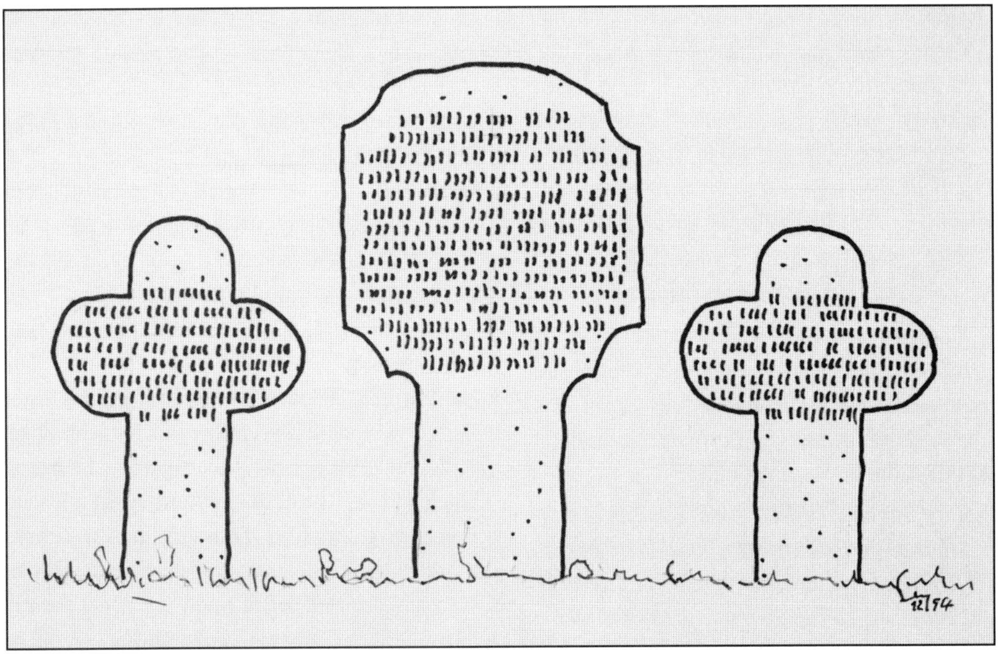

Die Nicol-List-Steine in Beutha; 1696
oben: Rekonstruktion des ursprünglichen Zustandes
unten: Zustand 1994

Der »Graue Stein« in Dörnthal

1747: Am oberen Ortsende von Dörnthal mündet die Dorfstraße in die Straße von Freiberg nach Sayda ein. Hier liegt rechts auf der Wiese ein unscheinbarer grauer Stein. Vor einigen Jahrzehnten waren auf diesem noch drei kleine eingeritzte Kreuze zu sehen. Auf dieser Wiese, die zum Erbgericht gehörte, wurde einst in Dörnthal Gericht gehalten. Der graue Stein an diesem Platz erinnert daran und bildete zugleich den Ausgangspunkt für eine alte Sage mit einem interessanten geschichtlichen Hintergrund.

Nach der Sage war in Dörnthal ein Mann namens Tobias Werner im Walde mit dem Stöckeroden beschäftigt. Nachdem ein Stock allen Mühen trotzte, fuhr der Stock mit dem 12 Uhr Glockenschlag plötzlich von selbst heraus und darunter kam ein Topf mit Silbermünzen zu Tage. Wie es der Zufall so will, stand plötzlich ein kleines »fahles Mannl« da und sagte: »den Schatz kannst du behalten, wenn du mir eine Seele dafür gibst.« Da ging dieser Tobias Werner heim und erschlug eine alte im Haus wohnende Gutsauszüglerin. Nun konnte er den Schatz heben.

Um 1930 nahm sich der Heimatforscher Dr. Alfons Diener von Schönberg, auf Schloß Pfaffroda, dieser Sage an, und wurde im Dörnthaler Kirchenbuch und in den »Freybergischen neuen Merckwürdigkeiten« aus dem Jahre 1747 fündig.

Nach dem Dörnthaler Kirchenbuch von 1747 wurde am 16. Februar 1747 »Frau Elisabeth Altendörfferin, eine fromme hinterlassene Wittwe, ... früh 9 Uhr in ihrem Auszug Stüblein auf der Erde todt und zwar erwürget gefunden, da des Mörders Finger noch ganz deutl. mit Blut unterlauffen am Halse und Nacken zu sehen waren.«

Bald stellte sich heraus, daß der Mörder ihr Wirt Tobias Werner war. Der Gerichtsschöppe, ein kleines schwächliches Männchen, erhielt den Auftrag, Werner zu verhaften. Dieser war aber gerade auf dem Weg nach Sayda, und der Gerichtsdiener versuchte, den kräftigen Mann mit vielen guten Worten zur Umkehr zu bewegen. Da gutes Zureden nichts half, holte er einige starke Männer herbei, die den Mörder in das Gerichtsgefängnis des Rittergutes brachten.

Die »Freybergischen Merckwürdigkeiten«, eine monatlich erscheinende Zeitschrift, berichtet nun sehr detailliert über den weiteren Verlauf, bis zur Hinrichtung des Tobias Werner.

»Am 11. Juli 1747 wurde das hochnothpeinliche Halsgericht zu Dörnthal zu drei Malen eingeläutet. Dann holte man den armen Sünder in Begleitung des Pfarrers aus dem Gefängnis herbei. Nun folgte der Zug zu dem zur Exekution vorgesehenen, mit Schranken umzäunten Richtplatz am grauen Stein. Vor dem Erb-Lehngericht allda, insbesonders hierzu aufgeschlagenen Schranken unter freyem Himmel hatten sich die Gerichtspersonen in schwarzer Kleidung und mit Seiten-Gewehren« an einen Tisch auf 7 Schemeln niedergesetzt.

»... so ward das hochnothpeinliche Halsgerichte nach Vorschrift Carl V. über gedachten armen Sünder würcklich gehegetc«. Dann »geschahe der Zug zu dem, Tags vorher mit Standen verwahrten Gerichts-Platz.« 30 Mann schlossen ihn auf diesem Weg mit zusammengehaltenen Stangen ein. Etwa 65 Amtspersonen darunter 16 mit Hellebarden bewaffnet, »eine zahlreiche Schuljugend« und sicher hunderte von Zuschauern begleiten den Verurteilten auf seinem letzten Weg.

»Als nun der arme Sünder, in den Creyß angelanget, so legte er nochmahls, auf die von den Predigern an ihm gethanen Fragen sein Bekenntniß ab, darbey er viel Buse und Glauben bezeigte, und nach erhaltener Vergebung der Sünden ging er ganz getrost und gelassen zu dem zubereiteten Sand=Haufen, kniete nieder, und litte, nach einem fertig geführten Streich, die ihm zuerkannte Todesstrafe, ...«

Unter dem Gesang des Lutherliedes »Nun bitten wir den Heiligen Geist um den rechten Glauben allermeist; daß er und behüte an unserm Ende, wenn wir heimfahren aus diesem Elende. Kyrie eleison.« trug man ihn zu einem abgelegenen Platz auf dem Kirchhof in Dörnthal. Die Schulkinder gingen hinter einem Vortragekreuz mit. Der kleine »Graue Stein« steht heute völlig verloren und ungeschützt an diesem Ort der Hinrichtung. Er ist kaum noch bekannt. Schwere Mähmaschinen haben in jüngster Zeit tiefe Scharten darauf eingegraben.

Die Wehrkirche in Dörnthal; Lithographie 1845

Eine Zitrone als steinernes Denkmal in der Ebersdorfer Kirche

1778: In den Jahren 1838/39 besuchte der Schriftsteller Dr. Eduard Franz Sommer die Stiftskirche in Ebersdorf bei Chemnitz, um geschichtliche Nachrichten für sein Buch »Das Vaterland der Sachsen« zu sammeln. Unter anderem notierte er: »Man zeigt hier den Schädel einer vor etwa 80 Jahren enthaupteten Kindesmörderin, auf dem sich noch das langblonde Haupthaar derselben erhalten hat.« Als der Schriftsteller Franz Lubojatzky etwa 20 Jahre später diese Kirche besuchte, war dieser »unverweste Kopf« bereits nicht mehr zu sehen.

An die gleiche Hinrichtung soll eine heute noch zu besichtigende »versteinerte Zitrone« erinnern. Daß diese nicht verfaulte, sondern »versteinerte«, galt über viele Jahrzehnte als »Gottesurteil« oder sichtbares Zeichen, daß diese Frau zu Unrecht ihr Leben lassen mußte.

Dem »unverwesten Kopf« und der »versteinerten Zitrone« liegt folgendes geschichtliche Ereignis zugrunde:

Am 21. April 1751 notierte der Ebersdorfer Pfarrer Johann Gottlob Walburger die Geburt der Maria Elisabeth Stecher als Tochter des Gutsbesitzers Stecher und seiner Ehefrau Sophia Stecher. Eine spätere Hand schrieb neben diese Eintragung: »Ist den 9. April 1778 nach Kindesmord allhier enthauptet worden.«

Über die folgenden Jahre der Maria Elisabeth schweigen sich die Akten aus. Erst am 27. September 1776 findet sich der Name dieser inzwischen 25jährigen Frau, nach der Geburt ihres ersten Kindes, wieder. Der Ebersdorfer Pfarrer Christian Gotthold Groß registriert folgendes:

»Casus tragicus: d. 27. Septbr. Abends um 8 Uhr ist beerdigt worden mit Collecte und Singen ein Töchterl. von Maria Elisabeth Stecherin.«

Was war dem vorausgegangen? Die junge Frau war mit dem Meister und Hausbesitzer Abraham Leonhard Wagner verlobt und hatte »allhier mit demselben fleischliche Unzucht getrieben, verheimlichte nicht (nur) ihre Schwangerschaft, sondern beging auch die erschreckende Bosheit bey der erfolgten Entbindung ihre an das Licht der Welt gebohrne Tochter unter das Bettstroh zu stecken damit solche ersticken möge.«

Drei aus Chemnitz herbeigeholte Ärzte stellten fest, daß das Kind tatsächlich gelebt und bereits 8 Tage gelegen hatte. Die Maria Elisabeth Stecher wurde sofort verhört. Sie gestand, daß sie diese Tat aus Angst vor ihrem Verlobten begangen hat und wurde umgehend in der Lichtenwalder Fronfeste inhaftiert.

Die Stecherin war über 19 Monate in der Fronfeste inhaftiert und vermutlich der Willkür des

Land- und Fronknechtes völlig ausgeliefert. Was sich daraus ergab, liest sich in den Notizen des Pfarrers Groß so:
»sie saß in demselben 2 Jahre, trieb es aufs neue mit dem Landknecht Berger jun., als einen Ehemann, Ehebruch, gebahr eine Tochter, welche noch am Leben.« Ihr »mit unerhörter Bosheit im Gefängnis gezeugtes Töchterlein welches sie bis nach geschehener Geburt verheimlichet hat, ist da in der Custodie (Wache) und zwar auf der Treppe in der Stecherin Schürze liegend früh gegen 3 Uhr d. 23.Dez. gefunden worden u. den 24 ej. (des Monats) in der Kirche getauft worden.«
In der Zwischenzeit hatte der Majorats- und Gerichtsherr auf Lichtenwalde, Graf Friedrich August von Watzdorf, bei der juristischen Fakultät der Universität Leipzig Erkundigung einziehen lassen, wie mit dieser Täterin zu verfahren sei. Das Urteil lautete: »Die Mörderin solle mit dem Rade vom Leben zum Tode gebracht, danach ihr Körper auf das Rad geflochten und die Kosten des ganzen Verfahrens aus ihrem Vermögen genommen werden.« Später wurde das Urteil »gemildert« und die Vollstreckung mit dem Schwerte erlaubt. Vier Monate nach der Geburt ihres zweiten Kindes erfolgte ihre Hinrichtung.
Am frühen Morgen des 10. April 1778 fanden sich vor dem Portale des Schlosses 268 schwarz gekleidete und mit Spießen bewaffnete Männer zusammen. 30 Mann besetzten die Fronfeste. 50 Mann begleiteten die Verurteilte auf ihrem letzten Weg. Die Übrigen bewachten den Richtplatz, auf dem sich vermutlich Tausende von Schaulustigen eingefunden hatten.
Vom Schloßturm läutete die kleine Glocke, als sich der traurige Zug in Bewegung setzte. Ein Kreuz wurde vorangetragen und die begleitende Schuljugend sang tröstliche Lieder. Auf dem lan-

Stiftskirche Ebersdorf; Lithographie aus dem Jahre 1838

gen, über eine Stunde dauernden Weg durch die Ebersdorfer Straße, den Henkersweg entlang, an der Brettmühle vorbei, zum Ebersdorfer Galgenberg, soll die Stecherin die später »versteinerte Zitrone« krampfhaft in den Händen gehalten haben. Auf dem letzten Wegstück versagten ihre Kräfte. Sie mußte gestützt und von den Henkersknechten nahezu getragen werden.

Auf dem Richtplatz erwartete sie der Scharfrichter Reinhold aus Chemnitz. Der Verurteilten legte man ein schwarzes Band um den Arm. Daran geleiteten sie zwei Geistliche zur Richtstätte. Nach der Einsegnung mußte sie sich auf einen schwarzen Stuhl setzen. Wie es heißt, »nach Erledigung weiterer Formalitäten« enthauptete sie der Henker mit einem einzigen Schwerthieb.

Der Pfarrer notierte anschließend, daß »der Cörper auf hiesigen Kirchhof loco Seperato (an einem gesonderten Ort) in die Erde gebracht« wurde.

Alle entstandenen Kosten gingen zu Lasten des väterlichen Vermögens. Neben den erheblichen Gerichtskosten, gehörte dazu der Lohn für die Zimmerleute, der Wachleute, für zwei Forstbeamte, die diesem Zug vorangeritten waren, und bei dieser Gelegenheit rechnete man auch noch die Gelder für eine Wegebesserung hinzu.

Der Mordstein für Johann Christoph Schreiter; 1813; Mauersberg-Oberdorf

Der »Mordstein« im Oberdorf von Mauersberg

1813: Im Oberdorf von Mauersberg steht wenig hinter dem Gerätehaus der Feuerwehr, auf einer Wiese, ein kleiner unscheinbarer Gedenkstein. Von der einstigen Inschrift:

22. Oct. (?)
1813
J.C.S.
..ur..
hier geschosen

läßt sich nur noch wenig erkennen.

Aus der Mauersberger Ortschronik ist zu entnehmen:

»Am 27. Oktober 1813 wurde hier der Bauer Johann Christoph Schreiter von einem preußischen Soldaten erschossen.

Plündernde preußische Soldaten hatten aus dem Stall des Bauern ein Kalb weggetrieben. Der Bauer setzte sich zur Wehr. Ein preußischer Soldat legte kurzerhand sein Gewehr an und traf den Bauern aus nächster Nähe in den Unterleib. Der Bauer starb einen qualvollen Tod. Ein anderer erhielt einen Bajonettstich durch die Brust und einem zehnjährigen Jungen wurde durch das Bein geschossen.«

Nach dem Sterberegister der Mauersberger Kirche muß sich dieses Ereignis bereits einige Tage vorher ereignet haben, denn nach diesen Eintragungen verstarb der Erbbegüterte und Steuereinnehmer Johann Christoph Schreiter bereits »am 22. Oktober nachmittags 3 Uhr, im Alter von zweiundsiebzig Jahren, 10 Monaten, 2 Wochen und 2 Tagen. Er hinterließ 1 Wittwe, 3 Erwachsene Kinder, 2 Söhne und 1 verheiratete Tochter.«

In bezug auf die Eintragung der Todesursache war der Herr Pfarrer etwas vorsichtiger, denn die »preußischen Besatzer« standen ja noch im Lande. Da steht nichts von Mord und Raub, sondern »Durch einen Flintenschuß von einem preußischen Soldaten bei gewaltsamer confiscation.« Was soviel wie »in Beschlagnahme oder Einziehung« bedeutete.

Den sicher sehr resoluten Steuereinnehmer trug man am 25. Oktober zu Grabe. Der Gedenkstein wurde wenig später wahrscheinlich von den Angehörigen am Tatort errichtet.

Der »Mordstein« im Unterdorf von Mauersberg

1817: Das Jahr 1817 gehörte zu den großen Not- und Hungerjahren des Erzgebirges. Das wenige noch Vorhandene wurde zu Wucherpreisen verkauft. Felddiebstähle waren an der Tagesordnung. Eine königliche Verordnung legte Maßnahmen fest, wie dagegen einzuschreiten sei. Dazu gehörte unter anderem der Einsatz von Feldwächtern und die Drohung mit harten Strafen.

Vor diesem geschichtlichen Hintergrund ereignete sich ein Raubmord im Mauersberger Unterdorf, am heutigen Grundweg, auf der Wiese hinter dem Haus Nr. 108.

Die alte Wehrkirche in Mauersberg um 1845

Heinrich Christoph Müller, der einzige Sohn des Erbbegüterten Johann Christoph Müller, hatte hinter dem Hause mehrere Bienenstöcke stehen. Mehrfach stellte er daran Diebstähle fest. Deshalb legte er sich in der Nacht vom 12. zum 13. Dezember 1817 auf die Lauer. Das Weitere war einst ausführlich auf dem heute kaum noch lesbaren Gedenkstein beschrieben.

Zur Erinnerung des Raubmordes,
welcher in der Nacht des 12. Dezember 1817
$^{1}/_{4}$ 12 Uhr von 2 Dieben an
Heinrich Christoph Müller,
einzigem Sohne des Begüterten Christ. Müller
allhier verübt wurde.
Der Ermordete hinterließ seine Frau,
Bruder, Eltern und seine Schwester
Johann Christian,
Maria Elisabeth und
Johanne Christiane Müller

Der Mordstein für Heinrich Christoph Müller; 1817; Mauersberg-Unterdorf

Auf einer anderen Seite des Steines war zu lesen: »Die Mörder, zwei unbekannte Diebe hatten ihm drei Stiche beigebracht. 2 in den linken Arm und einen ins Herz, auch war ihm vom Daumen der rechten Hand ein Stück abgeschnitten und 150 Schritt von der Behausung aufgefunden worden.«
Vielleicht spielte hier noch der alte Glaube mit, daß so der Ermordete nicht mehr auf seine Mörder weisen konnte.
Dieser Mord wurde nie aufgeklärt.
Der an der Mordstelle auf der Wiese hinter dem Wohnstallhaus stehende Gedenkstein mit einem betenden Engel wurde sicher von den Angehörigen errichtet. Das Denkmal aus Sandstein zeigt jetzt starke Spuren der Verwitterung.

Der »Mordstein« in Oberschöna

1817: Von Frankenberg aus führt eine sehr alte Straße über Langenstriegis, Frankenstein und Oberschöna nach Freiberg. In Oberschöna, kaum mehr als 100 m vor der Einmündung in die heutige B 173, stand einst ein unscheinbarer »Mordstein« aus dem Jahre 1817. Der Heimatforscher Dr. Stephan aus Freiberg hat ihn im Jahre 1928 noch registriert und die Oberschönaer haben ihn gepflegt.
In Oberschöna war es in den Jahren zwischen 1758 und 1904 Tadition, daß die Kirchschullehrer »Chronologische Aufzeichnungen« aus der Geschichte ihres Ortes anfertigten. Die handschriftlichen Notizen haben sich bis heute erhalten.
Aus dem Jahre 1817 wird berichtet:
»Den 18. Januar als Sonnabends Nachmittag nach 4 Uhr geschah der abscheuliche, entsetzliche Mord- und Totschlag des Bürgers und Leineweber, Namens Mstr. Gottfried Benjamin

Hofmanns aus Frankenberg seines Alters 51 Jahr 8 Monate. Der Mörder Namens Carl Gottlob Richter von Kühnheide, ein verabschiedeter Soldat od. Bedienter beim Erbgericht, erschlug ihn, gab ihm einige Messerstiche und beraubte ihm seiner Sachen an Tücheln, Bettleinewand und Kleider und seiner ganzen Barschaft 12 gld. Geld, ward aber sogleich auf das große Geschrey des Erschlagenen ihm nachgesetzt und erwischt. Der Bauer Carl Friedrich Haubold und einige Hofdrescher fingen ihn. Den andern Tag ward der Erschlagene seciret und der Mörder mußte zugegen sein. Er gestand es auch sogleich ein und ward sodann 1 Jahr lang zum Gefängniß gebracht und endlich an den Pranger gestellt u. zeitlebens nach Zwickau ins Zuchthaus gebracht, wo er 30 Hiebe erhielt und in 8 Tagen drauf sich im Gefängnisse erdrosselte. Der Kerl war 35 Jahre alt.«

Den Gedenkstein »an dem Communicationswege nach Frankenstein, gleich oberhalb dem Erbgerichte, haben die Angehörigen des Ermordeten aufstellen lassen.«

Um 1985 wurde die alte Straße erneuert. Eine Planierraupe schob den schweren Stein den Abhang hinab. Seitdem ist er verschollen.

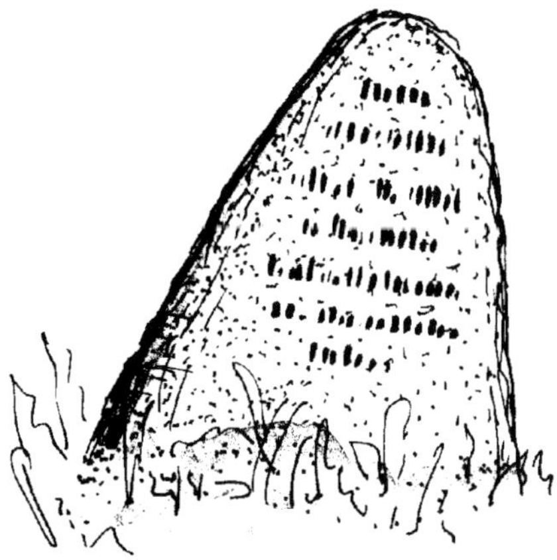

Der Mordstein für Gottfried Benjamin Hofmann, (Rekonstruktion); 1817; Oberschöna

Der Erinnerungsstein an einen Mord an der Jagdschänke in Siegmar bei Chemnitz

1827: Vor seiner Eingemeindung nach Chemnitz im Jahre 1950 hatte sich das ehemalige Bauerndorf Siegmar in der zweiten Hälfte des 19. Jh. zu einem bedeutenden Industriezentrum der Textilindustrie, des Fahrzeug- und Maschinenbaues entwickelt.

Siegmar hatte am Anfang dieses Weges, im Jahre 1840, 240 Einwohner, war nach A. Schiffners »Beschreibung von Sachsen aus dem Jahre 1840« »an der Cappel anmuthig gelegen, zeigt eine hübsche Mühle, eine kleine Baumwollspinnmühle, 1 Gasthof und 1 Chauseehaus.«

Die Bauernwälder reichten damals noch weit an den Ort heran, und dort, wo kurz nach 1930 ein weites Teichgelände in das »Jagdschänkenbad« umgewandelt wurde, hatten sich die Jagdfreunde eine erste bescheidene Holzhütte im Walde errichtet.

1827 kam es in der Nähe der Jagdhütte zu einer Auseinandersetzung mit zwei Wilderern. Bevor diese gestellt werden konnten, erschossen sie einen Jäger und einen Treiber.

Zur Erinnerung an die beiden ermordeten Jagdgenossen, errichteten die Jäger damals einen »eigenartigen Erinnerungsstein«.

In den Jahren 1845/46 entstand an der Stelle der bescheidenen Jagdhütte die »Jagdschänke« als beliebtes Ausflugszentrum für die folgenden 100 Jahre. Beim Bau dieser Gaststätte wurde der alte Gedenkstein vermutlich mit vermauert. Er ist seitdem verschollen.

Die »Johnsäule« im Forstrevier

1828: Etwa 900 Meter östlich von Buchberg, in der Nähe des Franzosenweges, steht die auf jeder guten Wanderkarte eingetragene »Johnsäule«. Der ungefähr 1,2 m hohe Gedenkstein erinnert an die Ermordung des Jägerburschen Johann John.

Das Kirchenbuch der Gemeinde Bockau aus dem Jahre 1828 sagt dazu aus:

»Johann John wurde am 5. Juni (1828) von Wildpretdieben erschossen und am 13. Juni erst gefunden. Ein Jägerbursche aus Frankfurt a.M., gebürtig, katholischer Religion, war in Diensten beim Carl Gottlieb Wagner, königl. Revierförster allhier, 31 Jahre alt.«

Der Chronist Christian Lehmann berichtet in seiner Schneeberger Chronik 10 Jahre später und abweichend davon, daß Johann John aus Böhmen war, und daß es erst »nach täglichen Waldstreifen, den vereinten Bemühungen der Behörden und der Gemeinde gelang, den Entseelten aufzufinden.«

Der heute noch gut gepflegte Gedenkstein wurde entweder erst einige Jahre nach dieser Tat errichtet, oder zu einer Zeit überarbeitet, als das genaue Datum dieses Mordes bereits nicht mehr bekannt oder lesbar war.

Der »Mordstein« bei Voigtsgrün

1842: Ab 1833 entwickelte sich in Sachsen das Eisenbahnwesen, und am 7. April 1839 wurde die erste sächsische Eisenbahnstrecke von Leipzig nach Dresden eröffnet. Damit entstand ein riesiger Bedarf an Eisen, der von den überalter-

Die »Johnsäule«; 1828; bei Sosa

Der »Mordstein« bei Voigtsgrün; 1842

ten erzgebirgischen Hammerwerken nicht mehr gedeckt werden konnte. Deshalb gründete die »Sächsische Eisenbahncompagnie« ein modernes Hüttenwerk, die Königin-Marien-Hütte in Cainsdorf bei Zwickau. Am 30. Juni 1842 nahm diese Aktiengesellschaft ihren Betrieb auf.

In dem damals modernsten Betrieb der sächsischen Hüttenindustrie fanden Hunderte von Arbeitern der weiteren Umgebung Beschäftigung. Einer von ihnen war der Zimmermann Meyer aus Voigtsgrün, etwa 8 km südwestlich von Cainsdorf.

Der Arbeitsweg des 30jährigen führte von Voigtsgrün durch den Bürgerwald, längs durch Rottmannsdorf hinab nach Cainsdorf, im Tal der Zwickauer Mulde.

Nach den Notizen des damaligen Pfarrers von Ebersbrunn hatte sich folgendes ereignet:

Am 20. November 1842, gegen Mittag, ging Christian Friedrich Meyer, der vermutlich nebenher auch etwas Holzhandel betrieb, diesen Weg von Cainsdorf heimwärts. Er trug Lohn- und Holzgeld bei sich. Gegen 14 Uhr hatte er die südwestliche Grenze des Bürgerwaldes erreicht. Bis nach Voigtsgrün war es nur noch ein reichlicher Kilometer über freies Feld. Am Waldrand fiel ein Schuß. Ein »Raubmörder hatte ihn seitwärts durch den linken Arm in den Unterleib geschossen.« Wie sich bei der späteren Sektion ergab, »mit einem Stück Metall, vielleicht Zinn, der Form eines Fingerhutes ähnlich.«

»Mühsam schleppte sich der Verwundete bis zum ersten Voigtsgrüner Bauerngut und gab dort, nach 14 Stunden, am 21. November, früh 5 Uhr, unter entsetzlichen Schmerzen seinen Geist auf.« Er hinterließ eine Witwe und sechs Kinder. - So notierte es der Ebersbrunner Pfarrer vor der Beerdigung am 24. November 1842.

Der Raubmord wurde nie aufgeklärt. Die Inschrift, auf dem an der Mordstelle errichteten Gedenkstein, war bald verwittert. Erst 1995 wurde sie wieder erneuert.

Der »Raubmordstein« am Fürstenweg bei Cranzahl

1846: Über den langgezogenen Kamm von Annaberg-Buchholz zieht sich über nahezu 20 km der alte »Firsten-« oder »Fürstenweg« hinauf zum Erzgebirgskamm und zur »Böhmischen Grenze« bei Oberwiesenthal. Da, wo der Weg am 743 m hohen Wolfstein vorbei und hinunter nach Cranzahl führt, steht an der östlichen Wegseite der »Raubmordstein«. Der kleine, roh behauene Block aus Crottendorfer Marmor, trägt die Inschrift:

†
Raubmord
1846

Der »Raubmordstein« für einen Unbekannten bei Cranzahl; 1846

Die Kirche in Cranzahl; Lithographie 1845

Die Geschichte um diesen Stein ist seit langem verlorengegangen. Einige Einwohner der Umgebung halten heute noch daran fest, daß hier am »Fürstenweg« im Jahre 1846 ein Fürst erschlagen und ausgeraubt wurde. »Fürstenwege« gibt es recht zahlreich im Erzgebirge. Ihr Name hat jedoch nichts mit »Fürsten« zu tun, - er ist eindeutig vom (Berg-)»First« abzuleiten und bezeichnet Kammwege. Damit sollte die Geschichte vom »Fürstenmord« endgültig vergessen werden.
Eine andere Geschichte berichtet von einem böhmischen Spielmann, der sich mit seiner guten Geldeinnahme brüstete, bevor er sich durch den finsteren Wald auf den Heimweg nach Böhmen begab. Man lauerte ihm auf, und er wurde erstochen und ausgeraubt. Aber auch diese Geschichte ist bisher nicht bewiesen und wartet auf einen urkundlichen Beleg.
Wer diesen Stein gesetzt hat, ist nicht bekannt. Er wird heute noch als interessantes Zeugnis der Heimatgeschichte gepflegt.

Der »Mordstein« in Altmittweida

1861: 1928 entdeckte der Freiberger Heimatforscher Dr. Stephan einen Gedenkstein in der Flur Altmittweida, »an der Straße von Mittweida nach Burgstädt, wo im Jahre 1861 ein Gendarm bei der Verfolgung von drei Einbrechern niedergeschlagen worden ist.« Der Stein ist heute verschollen.
Nach dem Sterberegister des Jahres 1861 im Pfarramt der Stadtkirche in Mittweida läßt sich folgende Geschichte rekonstruieren:
Gegen Ende des Jahres 1861 ereigneten sich in Altmittweida mehrere Einbrüche. Der zuständige Königliche Gendarm Karl Ernst Wolke, ein gebürtiger Lausitzer aus Otterwitz bei Zittau, legte sich auf die Lauer, um die Diebe zu fassen. Am Mittwoch den 20. November 1861 früh $^1/_2$ 4 Uhr gelang es ihm, drei verdächtige Männer zu stellen und zu verfolgen. Diese fügten ihm so schwere Wunden zu, daß er daran verstarb.
Karl Ernst Wolke wurde 40 Jahre, 3 Monate und 29 Tage alt. Er hinterließ 1 Witwe und 2 Söhne.

Gerichtsverhandlung

gegen den des

Raubmordes

an dem Fuhrmann

Eduard Hermann Kirschen

angeklagten Stellmachers

Friedrich Fürchtegott Kluge

aus Dittersbach bei Sayda i. Erzgeb.

vor dem

Schwurgericht zu Dresden

am 1., 2., 3. und 4. October 1877.

F. W. Lehmann, Oberwiesenthal.

Der »Leichenstein« bei Großwaltersdorf

1876: Am ersten Weihnachtsfeiertag des Jahres 1876 erschien im Chemnitzer Tageblatt folgende Meldung:

»Mittelsaida:

Am 22. Dezember wurde in einem kleinem Wäldchen zwischen hier und Lippersdorf, mitten auf der Straße ein mit 2 Pferden bespanntes Geschirr führerlos gefunden. Bei näherer Untersuchung ergab sich, daß nur wenige Schritte davon der Führer des Gefährtes in seinem Blute lag. Derselbe war durch einen Stich von oben durch die Brust getödtet worden. Der Ermordete ist ein Mann aus Dittersdorf bei Stadt Sayda, heißt Kirschen und fährt regelmäßig Holzwaren nach Borstendorf und Grünhainichen. Er soll gegen 500 Mk. Arbeitslöhne bei sich gehabt haben.«

In der Eile schlichen sich zwei Fehler ein. Kirschen wurde nicht durch einen Stich, sondern durch einen Kopfschuß ermordet. Der Ort bei Sayda heißt auch nicht Dittersdorf, sondern Dittersbach.

Die Strafsache wegen der Ermordung des Fuhrmannes Kirschen kam durch die Verhandlung vor dem Schwurgerichtshofe zu Dresden vom 1. bis 4. Oktober 1877 zum Abschluß. Unter den Zuhörern saßen vermutlich ein Herr F.W.Lehmann aus Oberwiesenthal und ein Herr Robert Reber aus Dresden. Beide schrieben und vermarkteten diesen Prozeß in Form kleiner Broschüren, von denen sich je eine bis heute im Besitz der Familie Kirschen in Seiffen erhalten hat. Nach diesen Berichten und der Eintragung im Sterberegister des Pfarramtes Großwaltersdorf ergibt sich folgender Sachverhalt:

Eduard Hermann Kirschen war Wirtschaftsgehilfe in Dittersbach bei Sayda. Am Tage seiner Ermordung war er 23 Jahre, 9 Monate und 23 Tage alt. Er wird von den Zeugen als ein ruhiger, großer, kräftiger und sehr bekannter Botenfuhrmann beschrieben, der seit Jahren regelmäßig die Straße zwischen Dittersbach und Waldkirchen befuhr. Er transportierte mit seinem zweispännigen Fuhrwerk nicht nur Spielwaren, sondern übernahm auch, wie es sich für einen Landfuhrmann gehörte, alle anderen Botendienste. So zum Beispiel das Einkassieren und Weiterleiten von Lohn- und Kaufgeldern. Das Geld trug er in einer ledernen Umhängetasche bei sich. Zu seinem Schutz besaß er ein Terzerol, das heißt einen »Sack- oder Taschenpuffer« (Sack- oder Taschenpistole).

Am Nachmittag des 21. Dezember hatte Kirschen in Grünhainichen, Borstendorf und Eppendorf über 800 Mark an Geldern übernommen. Die Zeugen gaben auf Heller und Pfennig an, in welchen Markstücken und Scheinen sie gezahlt hatten. Die weitere Verhandlung ergab, daß Kirschen abends heimwärts fuhr und gegen 21 Uhr an der Mordstelle angekommen sein muß.

Sehr früh am nächsten Morgen fuhr der Bierschröter Gustav Adolf Haubold aus Mittelsaida mit seinem Wagen in Richtung Großwaltersdorf. Er fand Kirschen tot in seinem Blute liegend und eilte nach Mittelsaida zurück, um weitere Zeugen zu holen. Kirschen wurde nach der Bestandsaufnahme in das Gemeindehaus nach Großwaltersdorf gebracht und dort seziert. Es ergab sich, daß er in der Schoßkelle seines Fuhrwerkes sitzend aus nächster Nähe durch einen Kopfschuß getötet wurde. Vom Geld, das er bei sich geführt hatte und vom Täter fehlte jede Spur.

Die Suche nach dem Täter konzentrierte sich in den folgenden Wochen zunehmend auf den 30jährigen Stellmacher Friedrich Fürchtegott Kluge aus Dittersbach. Am 5. Februar, also

Der »Mordstein« (Neuanfertigung 1986)

7 Wochen nach dem Mord, wurde er »am frühen Morgen aus dem Bett in der Wohnung seiner Geliebten in Heidelbach bei Seiffen arretiert.« Ihm wurde zum Verhängnis, daß er, der bisher immer über Geldmangel klagte, nach der Ermordung Kirschens plötzlich größere Geldbeträge verschwendete. Bei ihm fanden sich auch zwei Schlüssel. Einer paßte zu Kirschens Geldtasche, der andere zu Kirschens Schloß an der Lade. Bei Kluge wurden auch Reste von Zigarren gefunden, die vorher Kirschen gehörten. »Ferner fanden sich Blei und Kugeln in der Kluge'schen Wohnung vor, und seine Garderobe war gegenüber seinen Verhältnissen eine ziemlich reiche und namentlich fielen 19, theils neue, theils alte Shlipse auf.«
Ihm wurde nachgewiesen, daß er in der Zeit zwischen dem 21. Dezember, bis zu seiner Verhaftung, die damals gewaltige Summe von 900 Mark ausgegeben hatte.
Erschwerend für Kluge wirkte sich aus, daß er bereits dreimal wegen Diebstahl, darunter einmal mit zwei Jahren 6 Monaten, bestraft wurde. Diesen Fakten hatte Kluge nur ein sehr dürftiges Alibi für die Tatzeit entgegenzusetzen. Er beschränkte sich immer wieder darauf, daß er mit dieser Tat nichts zu tun habe.
Nach der Befragung von insgesamt 92 Zeugen und Anhörung der Geschworenen beantragte der Staatsanwalt die Todesstrafe. Diesem stimmte der Gerichtshof zu. In seinen letzten Worten verzichtete Kluge auch auf des Königs Gnade und verlangte die Vollstreckung des Todesurteils, obwohl er unschuldig sei.
Zu dieser Vollstreckung kam es vermutlich nicht. Am 2. 2. 1901 notierte der Großwaltersdorfer Pfarrer Friedrich: »Der Mörder soll im Gefängnis den Judastod der Verzweiflung gestorben sein.« Er hatte sich vermutlich erhängt.
Die Angehörigen des Hermann Kirschen, setzten später an der Mordstelle einen Gedenkstein. Die Vorderseite trug die Inschrift:

Gedenkstein
Herrmann Kirschen
Fuhrmann aus Dittersbach
hier ermordet am 21.12.1876
durch Kopfschuß

Auf der Rückseite stand der Bibelspruch:

Math.: 10.28
Und fürchtet euch nicht vor denen,
die dem Leib töten,
fürchtet euch aber vielmehr vor dem,
der Leib und Seele verderben
kann in der Hölle.

100 Jahre später war dieser Gedenkstein nahezu restlos verwittert. Heimatfreunde bemühten sich um eine Neuanfertigung. Der Bibeltext ist dabei allerdings entfallen. Am 21. April 1986 wurde der neue Stein aufgestellt und geweiht.

Der Mordstein in Schweikershain

1878: Etwa 200 Meter unterhalb der Kirche von Schweikershain, nördlich von Mittweida, führt ein schmaler Weg am ehemaligen Feuerwehrschuppen vorbei über einen kleinen Bach. Kurz davor steht neben einer alten Linde, halb versunken, ein kleiner Gedenkstein. Seine Inschrift ist verwittert. Im Ort erzählt man sich heute noch, daß an dieser Stelle einst ein Mädchen ermordet wurde, als es nach einem Vergnügen nachts auf dem Wege zum Bahnhof war. Ihr Vater soll als Kellner im Gasthof Schweikershain gearbeitet haben.

Das Sterberegister der Gemeinde Schweikershain berichtet, daß das Opfer, Thekla Maria Zerche, die 25 Jahre und 5 Monate alte eheliche Tochter des Webers Gottlieb Heinrich Zerche aus Geringswalde war. Sie wurde erschlagen im Pfarrhölzchen nahe dem Schulhause aufgefunden und am 26. April in aller Stille begraben.
Nach einem amtlichen Bericht wurde die Ermordete von zwei Soldaten, die vom Urlaub kommend, sich auf dem Weg zum Bahnhof befanden, am nächsten Morgen gefunden.
Eine völlig andere Darstellung brachte das Chemnitzer Tageblatt am 25. April 1878:
»Schweikershain, 23. April. Am Abend des 22. April a.c. zwischen 9 und 10 Uhr ist auf dem Kommunikationswege, ungefähr 30 Schritte von Gasthof, Kirche und Schule etc. entfernt, die bei ihrer kranken Mutter in Gehringswalde gewesene und in Mittweida dienende Marie Zwerge überfallen, mit einem in der Nähe liegenden Handbeil geschlagen und ihr außerdem mehrerer Stichwunden beigebracht worden. Die Getödtete ist sodann in das nebenstehende Birkenwäldchen geschleppt worden. Den Lohn für ein Vierteljahr Dienst hatte sie in einem Portemonaie bei sich geführt und fehlte dasselbe bei ihrer Auffindung. Der Thäter ist noch nicht ermittelt, es sind jedoch bereits umfassende Erörterungen ins Werk gesetzt worden.«
Ob der Täter je gefaßt wurde, ist nicht bekannt.
Bereits einen Tag später berichtete das »Chemnitzer Tageblatt« von einem weiteren Überfall auf ein junges Mädchen bei Klostergeringswalde.
»Das Mädchen hatte jedoch den Muth, sich durch Hülferufe und Flucht zu retten. Es ist möglich, daß dieser Anfall von derselben Person durchgeführt ist, welche den Mord bei Schweikershain verübt hat.«

Der Mordstein für Thekla Maria Zerche; 1878; Schweikershain

Die »Strohschuhlehrerin« in Schweikershain

1917: Ältere Einwohner erinnern sich noch ganz genau daran, daß einst an der Verbindungsstraße von Schweikershain nach Arras, in der »Kohlung«, dem Forstrevier Schweikershain, ein Gedenkstein für die hier ermordete »Strohschuhlehrerin« stand.
1917 ging der erste Weltkrieg langsam seinem Ende zu. Überall herrschte Versorgungsnot. Schuhe waren bereits seit langem Mangelware. So zog die 34jährige Lehrerin Rosalie Helene verwitwete Dippmann, von ihrem Wohnort in Rußdorf bei Limbach aus, von Dorfschule zu Dorfschule, um den Kindern zu lehren, wie man sich aus Stroh Schuhe selbst anfertigen kann.

Als »Strohschuhlehrerin« war sie überall bekannt. Spätere Polizeiberichte sprechen allerdings etwas beschönigend von »Tuchschuhunterricht«, den sie gegeben habe.

Am 13. Dezember 1917 verließ die Lehrerin kurz vor 12 Uhr die Schule in Arras, um durch die Kohlung, über Holzhausen in die Schule nach Reinsdorf bei Waldheim zu wandern. Dort sollte sie ab 14 Uhr Unterricht geben. Sie trug eine blaue kleinkarierte Haube mit schwarzen Bändern, ein blaues Stoffjackett, einen schwarzen Kleiderrock und hatte einen Rucksack bei sich.

In Reinsdorf kam sie nicht an. Als der Arbeiter Max Schlegel aus Holzhausen sich in der Mittagspause einen Weihnachtsbaum aus dem Walde holen wollte, fand er sie erstochen, mit auf dem Rücken zusammengebundenen Händen und ausgeraubt. Es fehlten eine »Pompadour aus gelbem Samt«, eine ältere goldene Armbanduhr und eine goldene Damenuhrkette.

Die Staatsanwaltschaft Chemnitz setzte am 22. Dezember für die Ermittlung des Täters 500 Mark Belohnung aus.

Nach den Aufzeichnungen des Heimatforschers G. Reif »... meldete sich nach einer Zeitungsanzeige eine Frau aus Chemnitz. Sie hatte beobachtet, daß ein Aufseher aus dem Zuchthaus Waldheim einigen Sträflingen den Auftrag gab, in die Dörfer zu gehen, um Lebensmittel zu hamstern. Der Aufseher blieb in der Gaststätte, um Skat zu spielen. Die Frau, die in Arras war, hatte im Ort einen Sträfling gesehen und gemeldet.« Er war ein Schwerverbrecher aus dem Zuchthaus Waldheim und stammte aus Dresden. Der Aufseher wurde später strafversetzt, und der Zuchthausdirektor kam nach Hohneck. So klärte sich dieser Mord auf.

Zur Geschichte des Denkmales fehlen jedoch alle weiteren Hinweise, es ist nicht mehr auffindbar.

Mord bei Schweikershain.

500 Mark Belohnung.

Am 16. Dezember 1917 ist in der Kohlung zwischen Schweikershain und Arras die am 25. September 1883 zu Dresden geborene und in Nußdorf bei Limbach wohnhafte Tuchschuhlehrerin

Rosalie Helene verw. Dippmann geb. Landgraf

mit auf dem Rücken zusammengebundenen Händen erstochen und beraubt aufgefunden worden. Die Ermordete war eine mittelgroße Frau, trug eine blaue kleinkarrierte Haube mit schwarzen Bändern, blaues Stoffjackett, schwarzen Klei[illegible] Schnürschuhe und hatte einen graugrünlich[illegible] 1917 kurz vor 12 Uhr [illegible] [illegible]lichen Wahrnehmungen wird an die unterzeichnete [illegible] oder die nächst zuständige Gendarmeriestation, insbesondere die Landeskriminalpolizei, erbeten.

500 Mark Belohnung sind für die Ermittelung des Täters ausgesetzt. Wenn mehrere zu dieser Ermittelung mitwirken sollten, behält sich der Unterzeichnete vor, die Belohnung unter die Mehreren nach völlig freiem Ermessen zu verteilen.

Chemnitz, den 22. Dezember 1917.

Der Erste Staatsanwalt.

Fahndungsaufruf nach dem Mörder der »Strohschuhlehrerin«; 1917; Schweikershain

Der »Mordstein« am Jägerhaus beim Ochsenkopf

1930: Die Straße von Aue über Bockau nach Johanngeorgenstadt führt durch eines der größten geschlossenen Waldgebiete des Erzgebirges. Etwa 3 Kilometer nach der Bockauer Kirche erreicht sie das »Rundteil«. Von hier aus weisen mehrere Schilder zum etwa 200 m entfernten »Mordstein«. Es ist ein einsam im Hochwald liegender Felsblock mit der Inschrift

Elisabeth Charlotte
Müller
** 30. Nov. 1906*
† Palm. 13. April 1930

Die Ehre stand ihr höher als das Leben.

Ältere Einwohner erzählen noch heute, daß dort einst eine Studentin aus Leipzig vergewaltigt und ermordet wurde. – Ein Ereignis, das die Bevölkerung und die Tagespresse über Monate beschäftigte.

Die 23jährige Studentin der Pharmazie, Tochter eines Leipziger Rechtsanwaltes, war im April 1930 zur Kur im Radiumbad Oberschlema. Von hier aus unternahm sie ausgedehnte Wanderungen in die weitere Umgebung, um Landschaften und Tiere zu fotografieren. Von einem dieser Ausflüge kam sie nicht zurück.

Am 17. April meldet die Kurdirektion, daß Charlotte Müller seit Sonnabend, den 13. April, vermißt wird. Der Vater setzte eine Belohnung von 500 Mark für die Auffindung aus.

Eine am 19. April durchgeführte Streife der Gendarmerie und Schutzpolizeibeamten durch das Waldgebiet zwischen Bockau und dem Jägerhaus verlief ergebnislos.

Einen Monat später ist die Vermißte immer noch nicht gefunden. Am 21. Mai wird spekuliert, ob sie nach Karlsbad in der Tschechoslowakei entführt wurde. In der Zwischenzeit ist jedoch in der Zwickauer Polizeidirektion ein anonymer Brief eingegangen. Danach sollte der Mantel und ihre Handtasche in der Gepäckaufbewahrung des Chemnitzer Hauptbahnhofes liegen. Dort wurde beides tatsächlich gefunden.

Nach dem Bericht vom 22.5. ging nun die Polizei von einem Mord aus. Sie begann sich auf den seit einiger Zeit verdächtigen Korbmacher und zuletzt als Bauarbeiter tätigen Willy Leischke aus Bockau zu konzentrieren.

Leischke wurde als derjenige identifiziert, der die Gepäckstücke der Charlotte Müller am Chemnitzer Hauptbahnhof aufgegeben hatte. Unter Mordverdacht stehend, nahm man ihn in Haft. Er selbst gab immer wieder an, daß er mit dieser Tat nichts zu schaffen habe, da er an dem vermuteten Mordtag zu den Krokuswiesen

nach Drebach gewandert und nicht in der Umgebung von Bockau gewesen sei. Die befragte Bevölkerung schilderte ihn als einen ruhigen und besonnen Mann, dem eine solche Tat auch nicht zuzutrauen sei.
In der Zwischenzeit ging die Suche nach der Verschollenen im Waldgebiet zwischen Bockau und dem Jägerhaus weiter, doch ohne Erfolg. Die gleichzeitig durchgeführten Vergleiche zwischen Leischkes Handschrift und dem anonymen Brief ergab eindeutig, daß Leischke den Brief geschrieben haben muß. Doch dieser stritt weiterhin alles ab.
Am 23. Mai wird das Waldstück zwischen Bokkau und dem Jägerhaus erneut und in Begleitung Leischkes abgesucht. Er führt die Beamten kreuz und quer durch den Wald und gibt keinerlei Hinweise auf den Tatort. Durch Zufall scharrt ein Beamter mit dem Fuß ein Stück Moos beiseite und findet die Leiche. Leischke gesteht nun, daß er die Tote zwar gesehen, jedoch den Mord nicht begangen habe.
Einen Tag später wird Leischke noch einmal an diesen Ort geführt. Nun gesteht er die Tat. Er gibt an, daß ihn die Studentin gefragt habe, ob Wild im Walde sei, sie möchte es gern fotografieren. Er habe sie dann in eine Schneise geführt und dort geknebelt und gewürgt, um sie am Schreien zu hindern und um sie zu vergewaltigen. Da sei sie tot zusammengebrochen.
Die Leiche der Charlotte Müller wurde in einen Holzschuppen am Jägerhaus gebracht und dort von Prof. Dr. Kockel seziert. Als man Leischke zum Sektionstisch führte, brach er dort zusammen.
Mitte Juni saß Leischke noch in Untersuchungshaft in Zwickau, denn es bestand der Verdacht, daß er weitere Sittlichkeitsverbrechen begangen habe. Dann brachte man ihn nach Aue zu einer Gegenüberstellung. Hier wurden ihm zwei weitere versuchte Sittlichkeitsverbrechen nachgewiesen.
Der Fall Leischke nahm die sächsische Justiz noch lange in Anspruch, bevor das Todesurteil gefällt werden konnte.
Der Gedenkstein wurde wenig später auf Veranlassung des Vaters der Ermordeten aufgestellt. Seine Inschrift sagt nichts über die Tragik des Geschehens aus, und bot damit für lange Zeit Spielraum für viele Legenden.

Der Polizistenmord in Nassau

1947: Die ersten Jahre nach 1945 waren voller Unruhe und Not. Es fehlte am Einfachsten, dazu gehörten auch Heizstoffe für die Wintermonate. Holzdiebstähle und Wilderei waren an der Tagesordnung. In den Forsten wurden verstärkt Kontrollen durchgeführt.
Am Abend des 14. Juni 1947 kam der Volkspolizist und Gebietsleiter für Nassau, Hermsdorf und Holzhau, Felix Kaden, von seinem Dienstweg, der ihn von Hermsdorf über die alte Kalkstraße durch den Töpferwald wieder nach Nassau führen sollte, nicht zurück. Vierzehn Tage lang suchte man vergeblich nach ihm. Er wurde erstochen unter einem Reisighaufen wenig abseits von der Kalkstraße gefunden.
Die sofort einsetzende Suche nach dem Täter blieb ebenso erfolglos wie die Klärung des Mordmotivs. In der Bevölkerung kursierten Gerüchte, daß er einer »privaten Abrechnung« zum Opfer gefallen sei, oder daß ihn Wilderer ermordet hätten.
An der Stelle, wo man ihn gefunden hatte, wurde wenig später ein sehr einfacher Gedenkstein errichtet. Um 1985 ersetzte man ihn durch den jetzt noch erhaltenen Stein mit der

kleinen gußeisernen Gedenktafel und der Inschrift;

- UNSTERBLICHES -
OPFER
—
VOLKSPOLIZIST
FELIX KADEN
ERMORDET AM 14. JUNI 1947

Ein paar frische Blumen vor dem Stein lassen erkennen, daß diese Geschichte noch nicht vergessen ist.

Der Mordstein für den Volkspolizisten Kaden; 1947; Nassau

Der Polizistenmord in Clausnitz

1954; Oktober: Die Vorbereitung der Volkswahlen der DDR laufen auf Hochtouren. Die Agitatoren sind voll gefordert. Ihr Ziel: optimale Wahlergebnisse.

Weitaus mehr als diese Wahlvorbereitungen beschäftigte die Bevölkerung ein anderer Vorgang. Etwa seit dem 10. Oktober waren nahezu alle Volkspolizisten des Bezirkes Karl-Marx-Stadt, verstärkt durch Gruppen der Armee, im Erzgebirge im Einsatz. Die Wälder wurden durchgekämmt, an allen Straßen waren Kontrollstellen zur Überprüfung der Kraftfahrzeuge und Ausweispapiere postiert. Eine offizielle Erklärung dafür gab es nicht, denn »der Weltfrieden war wieder einmal in Gefahr«.

Hinter vorgehaltener Hand sprach es sich herum: »Agenten haben die Grenze zwischen der CSR und der DDR durchbrochen, um nach dem Westen zu fliehen.« Erst 3 Tage, nachdem der »überwältigende Wahlsieg der Arbeiterklasse der DDR, mit 99,3 % Ja-Stimmen für die Regierungspolitik der DDR« eingefahren war, wurde die Bevölkerung informiert und zur Mitfahndung nach dem flüchtigen Agenten aufgerufen, der »einen Bürger der DDR durch zwei Pistolenschüsse ermordet« hatte.

Einer der Kontrollposten an den Straßen des Erzgebirges war der Volkspolizist Heinz Götze, der aus Zug bei Freiberg nach Clausnitz gekommen war, um dort, als Abschnittsbevollmächtigter der Volkspolizei, seinen Dienst zu verrichten. Ein Teil der Clausnitzer machte um diesen Fremdling einen Bogen, für andere war er einfach der »Götze-Heinz«.

Am Wahltag, dem 17. Oktober, stand der »Götze-Heinz« im Unterdorf von Clausnitz an der Dorfstraße, an einer kleinen Brücke über dem Dorfbach, um Ausweise zu kontrollieren. Neben vielen guten Bekannten, näherten sich ihm gegen 16.30 Uhr auch zwei Fremde, ein Mann

Aufruf an die Bevölkerung zur Mitfahndung

Am 17. Oktober 1954, gegen 16.30 Uhr, wurde in Clausnitz (Kreis Brand-Erbisdorf) auf der Dorfstraße, nördlicher Ortsteil, 600 Meter südlich der Bahnlinie auf der Brücke über den Dorfbach, ein Bürger unserer Republik von einer männlichen Person durch zwei Pistolenschüsse ermordet. Der Täter ergriff in Richtung Nassau die Flucht.

Personenbeschreibung des Täters

Wahrscheinliches Alter: 30—35 Jahre; Größe: 1,70 m; dunkles Haar, rundes Gesicht; er war bekleidet mit einem dreiviertellangen dunkelbraunen Mantel, braunen Wildlederschuhen mit Kreppsohle.

In seiner Begleitung befindet sich eine Frau

Täterbild

Sie wird wie folgt beschrieben: Wahrscheinliches Alter: 25—30 Jahre; Größe: 1,65 m, ovales Gesicht; Augen: braun; Nase: gerade, dunkle Haare bis auf die Schulter herabfallend; dunkler Teint, breiter Mund, auffallend rot geschminkte Lippen. Sie war bekleidet mit einem rotblaukarierten Rock, Windbluse mit langem Reißverschluß, hellen Strümpfen.

Die Bevölkerung wird zur Mitfahndung aufgerufen. Bei sachdienlichen Hinweisen — Meldung an die nächste Volkspolizeidienststelle.

Bezirksbehörde der Deutschen Volkspolizei Karl-Marx-Stadt

Fahndungsaufruf

und eine Frau mittleren Alters. Er verlangte die Ausweise, Schüsse fielen, Heinz Götze war ermordet.

So wurde nun für alle Clausnitzer aus dem »ABV Heinz Götze« der »Götze-Heinz«. Clausnitz war entsetzt.

Nach alter Tradition stellten die Dorfbewohner ihrem »Götze-Heinz« an der Mordstelle einen bescheidenen Gedenkstein auf. Er trug die Inschrift:

Heinz Götze
am 17. 10. 1954
durch Agenten
ermordet.

Damit hatte alles sein althergebrachtes Maß.

Um 1985: Die Zeiten hatten sich gewandelt.

Irgend ein Eiferer gab den Auftrag, dem Opfer Heinz Götze ein würdiges Mahnmal zu errichten.

Da steht es nun, fremd im Dorfe: – Ein Mahnmal, für die Ewigkeit bestimmt, aus kaltem polierten Granit, mit dem Emblem der Volkspolizei und der Inschrift:

HEINZ GÖTZE
OBERWACHTMEISTER
DER
DEUTSCHEN VOLKSPOLIZEI
ERMORDET AM 17. 10. 1954

Links daneben liegt eine polierte Granittafel. Sie belehrt in leblosen Majuskeln:

IN UNMITTELBARER NÄHE WURDE DER VOLKSPOLIZIST HEINZ GÖTZE AM WAHLSONNTAG DES 17. OKTOBER 1954 IN AUSÜBUNG SEINES DIENSTES FEIGE ERMORDET. DER MÖRDER KUPANKA, EIN BEZAHLTER AGENT DES US GEHEIMDIENSTES CIA, ERSCHOSS HEINZ GÖTZE, UM SICH DER PERSONALIENFESTSTELLUNG ZU ENTZIEHEN. - KUPANKA UND SEINER EHEFRAU GELANG DIE FLUCHT IN EINE NAHEGELEGENE SCHEUNE, WO SIE SICH MEHRERE TAGE AUFHIELTEN.

SPÄTER WURDEN SIE IN LÖSSNITZ/ERZGEBIRGE VON DER VOLKSPOLIZEI GESTELLT. KUPANKA ERHIELT FÜR SEIN VERBRECHEN DIE TODESSTRAFE.

Es lohnt sich, diese Inschrift in Erinnerung an Victor Klempners »LTI« mehrfach zu lesen und sich des Schandmales für Nicol List zu erinnern. Eine ehemalige Lehrerin bemüht sich, dieses Geschichtsmonument in ansehnlichem Zustand zu erhalten.
Was aber wurde aus dem bescheidenen Gedenkstein, den die Clausnitzer ihrem »Götze-Heinz« errichteten?

Der Mord am Volkspolizisten Götze; 1954; Clausnitz Mordstein um 1954

Gedenkstätte um 1985

Während die offizielle Staatsmacht ihr »Götze-Monument« mit dem Aufwand eines Staatsaktes weihte, bemühte sich die Oberschule Clausnitz darum, den Namen »Heinz-Götze-Oberschule« tragen zu dürfen. Als Dank dafür erhielt sie die Genehmigung, den alten, ländlich bescheidenen Stein, für den »Götze-Heinz«, an der Schule aufzustellen …

1995: Dort steht er nun, etwas vergessen im Hof, das maßvolle und zeitgerechte Steinchen.

Die Hausmeisterin entschuldigte sich für den wenig gepflegten Zustand, kratzt mit einer Bürste schnell das Moos herunter und bemüht sich damit, längst Vergessenes zu retten.

Die Mordstelle an der Brücke über den Dorfbach in Clausnitz

Unfallsteine

Das Erzgebirge gehört zu den dichtbesiedeltsten Mittelgebirgen Deutschlands. Strenge Winter, Hochwasserfluten im Frühjahr, harte Arbeitsbedingungen, vor allem im weitverbreiteten Bergbau und der Forst- und Landwirtschaft, forderten im Verlaufe der Jahrhunderte viele Unfallopfer. Allein in den 75 Jahren, zwischen 1825 bis 1900, verunglückten im Freiberger Bergbaurevier 423 Bergarbeiter tödlich. Noch im Jahre 1873 rechnete man in Sachsen mit 2,82 »tödlichen Verunglückungen« auf 10 000 Einwohner.

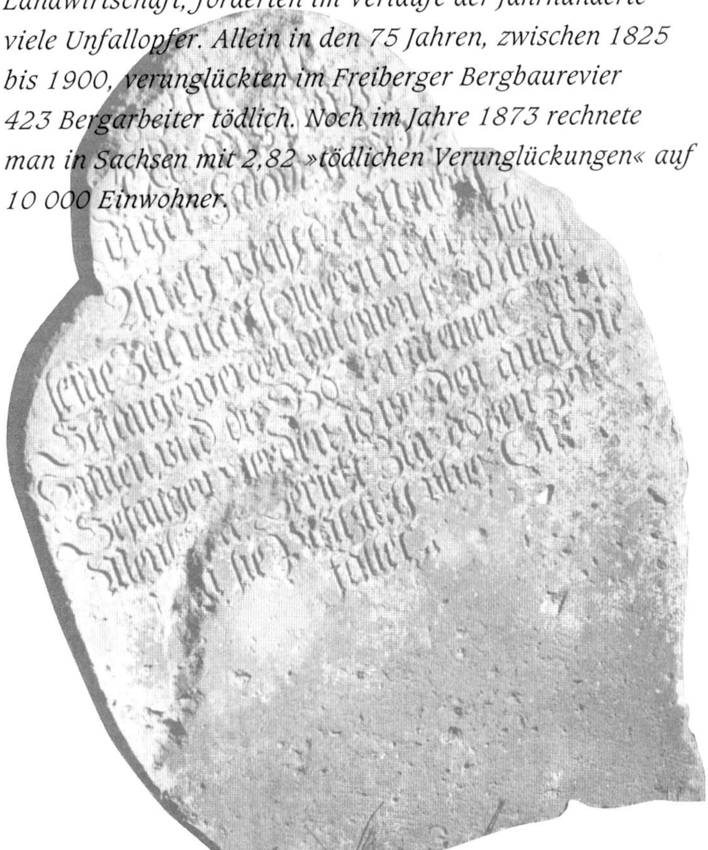

Unfallsteine

1568 Ehrenfriedersdorf
1654 Dörnthal
1728 Sehma*)
1789 Sosa
1798 Niederstriegis
18.Jh. Königswalde
18.Jh. Bornwald
1803 Geyer
1811 Freiberg
1814 Breitenbrunn
1819 Dittersbach
1831 Reifland
1832 Hetzdorf
1845 Königswalde
1861 Gebersbach
1866 Rochlitz
1867 Lugau
1872 Jöhstadt
1872 Berthelsdorf*)
1873 Falkenau*)
1881 Oederan
1882 Gelenau
1883 Halsbrücke
1895 Oederan
1900 Kretzscham
1905 Otzdorf
1911 Krummenhennersdorf
1912 Niederschöna
1913 Frankenberg
1918 Haida
1918 Euba
1923 Pappendorf
1932 Hilmersdorf
1955 Jöhstadt

*) = verschollen

(Stand vom Dezember 1995)

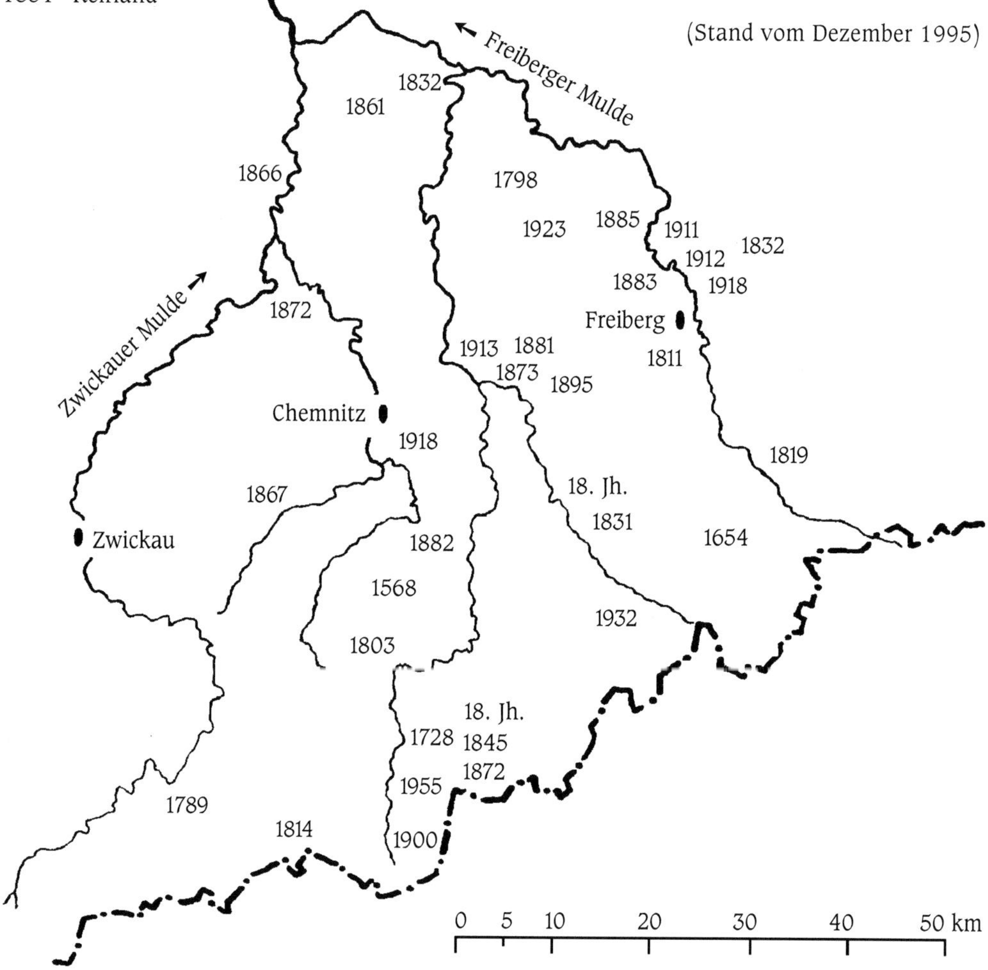

Seit Jahrhunderten war es allgemein üblich, den Verunglückten ein stilles Gedenken am Unfallort zu errichten. In den meisten Fällen wird es aus wirtschaftlicher Not nur ein schlichtes, heute längst verwittertes Holzkreuz gewesen sein. Oft reichte es nur zu einem einfachen Feldstein mit einer schmucklosen Inschrift. Nur sehr selten zeugt ein prächtiger Grabstein vom Wohlstand der Hinterbliebenen.

Die Tradition, mit Gedenksteinen oder in Grabsteintexten, an einen Unfalltod zu erinnern, läßt sich im Erzgebirge und seinem Vorland bis in das 17. Jh. zurückverfolgen. Mit dem ausgehenden 18. Jh. nimmt die Zahl solcher Denkmale deutlich zu und erreicht in der zweiten Hälfte des 19. Jh. mit der zunehmenden Mobilität und der beginnenden Industrialisierung ihren Höhepunkt.

Die Herkunft dieser Denkmale gewährt oftmals einen Einblick in die jeweils herrschenden sozialen Verhältnisse. Die Spanne der Gestaltung reicht vom prächtigen Grabmal bis zur einfachen von Arbeitskollegen gefertigten Felsinschrift, wenn es den Hinterbliebenen an den bescheidensten materiellen Voraussetzungen für einen Gedenkstein mangelte. In diesem Zusammenhang entstanden völlig neue Erinnerungsmale für tragische Ereignisse, die sich zum Teil bereits vor Jahrhunderten ereigneten und bis in die Gegenwart in Erinnerung blieben.

Das Bedürfnis, mahnend an tragische Ereignisse zu erinnern, lebt in unseren Tagen neu auf, wie es die zahlreichen Holzkreuze an unseren Straßenrändern beweisen.

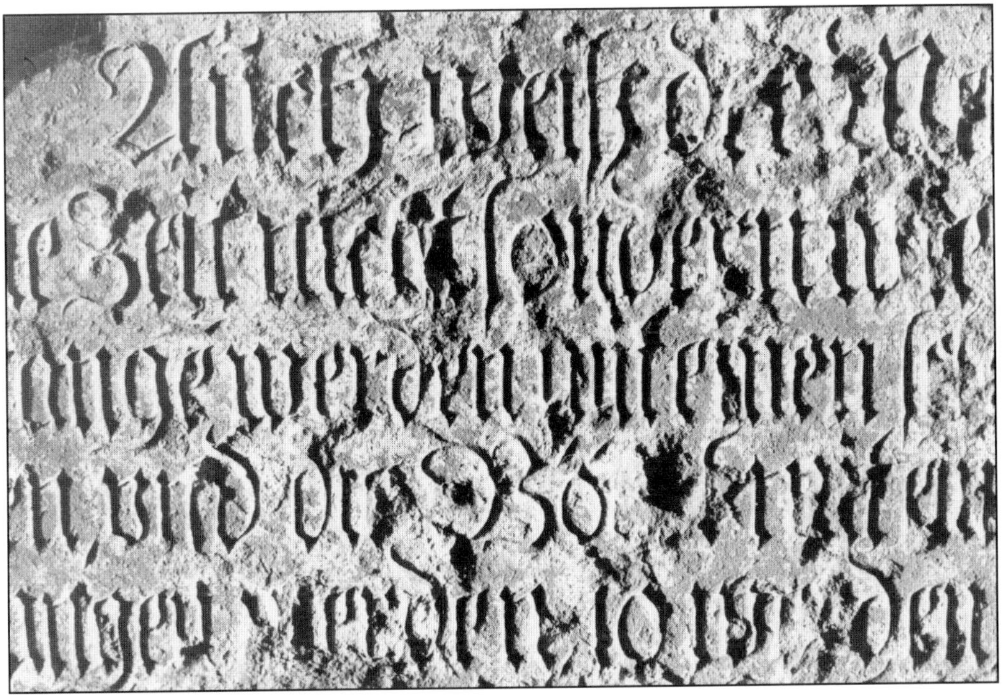

»Auch weiß der Mensch ...«
Textausschnitt aus dem verwitterten Gedenkstein für einen Fuhrmann; 18. Jh. (S. 83)

Der Bergmeister Valentin Feig und sein Bericht über den Unfall des Bergmannes Oßwald Barthel in Ehrenfriedersdorf

1568: Im Jahre 1928 wurde bei Bauarbeiten an der St. Nicolaikirche in Ehrenfriedersdorf eine alte mannshohe Grabplatte aus Greifensteingranit freigelegt. Der nahezu 3 Zentner schwere Stein war nicht mehr ganz vollständig. Der Lehrer Richard Feig aus Aue konnte darauf folgenden Text entziffern:

HIOB XIX CAP:
ICH WEIS DAS MEIN ERLOSER
LEBET VND ER
WIRD MICH HERNACH
AVS DER ERDE AVFWECKEN VND
WERDE DARNACH
MIT DIESER MEINER
HAVT VMBGEBEN
WERDEN. DENSELBEN
WERDE ICH MIR
SEHEN VND MEINE
AVGEN WERDEN IN
SCHAVEN VND KEI- (n)
FREMBDER.

Ein Bergwappen mit den Initialen V F, Hammer, Schlägel und 3 Sternen, umrahmt von einer herzförmigen Kontur, symbolisiert die Liebe des Verstorbenen zum Bergbau.

VALENTIN: FEIG.
BERGMEISTER STIR- (bet)
NACH
CHRISTI GEBVRT
MDCLXXII 7 MARTII
(7. MÄRZ 1572)

Der am Anfang stehende Bibeltext entspricht noch weitgehend der Luther-Übersetzung HIOB XIX, 25-26: »Ich weiß, daß mein Erlöser lebet, und er wird mich hernach aus der Erden aufwecken. Und werde darnach mit dieser meiner Haut umgeben werden und werde in meinem Fleisch Gott sehen.« Der teilweise verlorengegangene Text wurde bei einer späteren Restaurierung ergänzt.

Valentin Feig war in der Mitte des 16. Jh. Bergmeister in Ehrenfriedersdorf. Er war damit verpflichtet, über alle besonderen Ereignisse genauen Bericht zu erstatten. So wurde er zum zuverlässigsten Zeitzeugen, der zur Legende gewordenen »Langen Schicht zu Ehrenfriedersdorf«. Nach seinem Bericht hatte sich folgendes ereignet:

St. Niclaskirche in Ehrenfriedersdorf. Die Grabstätte des Valentin Feig; Lithographie um 1845

Am 20. September 1568 wurde im Sauberg ein toter Knappe »gantzt gefunden, also daß nichts an ihm gemangelt, sondern der Koppf, Arme und Beine beisammen gewesen, hat eine Berg-Haube, wie die Alten gepflogen, auf dem Haupt gehabt und schwartz Haar halber Ellen lang, einen weißen Zipfel-Pels am Leibe ... « Als man ihn aus dem Berg bringen wollte, »ist er mitten entzwey gebrochen und also in zwey Stücken herausgebracht worden.«

Da diesen, vermutlich seit langem im Berge liegenden Toten, niemand mehr kannte, holte man die ältesten, verfügbaren Zeitzeugen herbei. Mit ihrer Unterstützung kam folgender Eintrag zu Stande:

»Kund und wissend sey, daß hernachverzeichnete Alten mit Nahmen Balthasar Thomas Kandler / Andreas Reuter der Alter zu Ehrenfriedersdorf / und Simon Löser zu Drehbach / vor mir Valentin Feigen / Bergmeistern / und Thomas Langern / Geschworenen im Berg-Amt ausgesagt / daß ihnen wohl wissend und in guter Gedächtnis sey / daß einer mit Nahmen Oßwald Barthel ein Bergmann / welcher allhier zu Ehrenfriedersdorf / unten im Flecken in einem kleinen Häußlein gewohnet / das dieser Zeit Hans Rößler innen ist / im Jahre 1508 am Tag Catharinge imb Sauberge verfallen / also daß ihm kein Mensch zur Rettung kommen können. Derselbe Oßwald Barthel ist heute Montags den 20. Septembris im 1568. Jahr ins Brünlers Fundgrube im Sauberge / da man dieselbe abgewältiget / ungefähr in der siebenten Lachter unter dem tieffen Saubergsstollen wiedergefunden worden. Ist also 60 Jahr / 9 Wochen / 3 Tage im Sauberge unter Berg und Wasser gelegen. ... «

Diese sachliche Niederschrift bildete den Ausgangspunkt für alle weiteren volkstümlich ausgeschmückten Legenden um »Die lange Schicht von Ehrenfriedersdorf«.

Valentin Feig verstarb 3 $^{1}/_{2}$ Jahre nach dieser denkwürdigen Niederschrift am 7. März 1572. Sein Grabstein steht jetzt, sorgfältig restauriert, als ältestes erhaltenes Zeugnis eines Bergbau-Unfalles im Erzgebirge, im Greifenstein-Museum bei Ehrenfriedersdorf.

Der erfrorene Pfarrer Avenarius aus Dörnthal

1654: Noch im Jahre 1828 schrieb der Erzgebirgschronist Wilhelm Hering: »Die Chroniken des Gebirgs, so wie die Kirchenbücher, führen fast von jedem Winter Beyspiele von Erfrornen auf«. Denkmale, die an solche Unfälle erinnern, sind jedoch sehr selten, denn meistens waren es die armen Leute, die den rauhen Wintern des Gebirges zum Opfer fielen.

In der Kirche zu Dörnthal steht eine mannshohe Grabplatte, mit dem eingemeißelten Bild eines Kelches, in einer barocken Umrahmung. Eine lange Inschrift erinnert an den erfrorenen Pfarrer Avenarius.

Der Johann Avenarius wurde als Johannes Haberstroh im Jahre 1619 in Großenhain geboren. Nach seinem Studium der Theologie latinisierte er, wie damals üblich, seinen Namen. Als junger 27jähriger Pfarrer Johannes Avenarius trat er am 17. October 1646 seinen Dienst in Dörnthal an.

Die Inschrift auf seiner Grabtafel berichtet:

Allhier ruhet in Gott der Ehrwürdige
Achtbare undt Wohlgelahrte Herr Johannes
Avenarius Pfarrer alhier zum Dörrenthal
ist gebohren Ao 1619 den 24. Augusti.
Bleibet auff dem Heimweg von Saida,
da er bey tunckeler Abends Zeit
verführet worden im Schnee sitzen,
und erfrieret den 14. Februar Anno 1654
Als er im Pfarrambt gelebet $8\ ^{1}/_{4}$ *Jahr im*
Ehestandt $2\ ^{1}/_{4}$ *Jahr in der*
Welt $35\ ^{1}/_{2}$ *Jahr leßet*
im Elend hintersich sein
hochschwangeres weib neben einem
Söhnlein, so er mit ihr gezeuget
Seine gebeine ruhen unter diesem steine,
der frölichen Aufferstehung erwartendte
Seine Seele aber ist in der Handt Gottes,
da sie keine qual rühret.

So eine tragische Geschichte ließ sich kein Erzgebirgschronist des 17. Jh. entgehen. Der Zeit-

genosse Christian Lehmann (1611–1688) schmückte diesen Unfall, dem Empfinden seiner Zeit entsprechend, reichlich aus:
»Anno 1654. den 7. Nov. gehet der Pfarrer zu Dürrensthal Johann Heinrich Haberstroh Grünheinensis in den Flecken Seida am Gebirge zum Marckt und kaufft nicht mehr denn ein Paar Pfund Fleisch und vor einen Groschen Prätzlein / drauf er sein schwanger Weiblein / die er vor einem Jahr geheyratet / hatte vertröstet. Im Rückwege kommet er in einen Wind-Sturm von der Bahn in die Irre und ins Wasser nahe ans Dorff / und ob er sich gleich wieder herausgearbeitet und jämmerlich um Rettung gerufft / haben doch sein Ruffen die Leute vor ein Windbrausen gehalten und ihn hülfflos gelassen / daß er naß und matt im Frost verderben müssen / Frühe hat man ihn todt gefunden / also daß er auch in der Todes-Angst die Nägel an Händen abgerissen.«
Weniger tragisch ist die Darstellung in der »Sächsischen Kirchengalerie« aus dem Jahre 1841. Dort heißt es nur, daß »der Pfarrer Johannes Haberstroh, 1654, den 13. Februar, als er von Saida hat nach Hause gehen wollen, zwischen Pilsdorf und Dörnthal vom Schlage getroffen, todt aufgefunden wurde.«
Ein ähnlicher Fall wiederholte sich im Jahre 1803, als der 44jährige Pfarrer Johann Friedrich Schulze aus Jöhstadt am 12. Dezember im Walde bei Königswalde erfror.

Grabstein des Pfarrers Johannes Haberstroh (Johannes Avenarius); 1654; Dörnthal

Bei Sehma vom Schlitten zu Tode geschleift

1728: So häufig, wie die Berichte über seltsame Todesfälle in den alten Chroniken sind, so wenig werden Denkmale zur Erinnerung an solche Vorfälle erwähnt.

Eines dieser seltenen Beispiele überlieferte der Chronist Christian Melzer in seiner »Historischen Beschreibung des St. Catharinenberges im Buchholz.«

»Dem 19. Martii ist alhier dieser Casus tragicus vorgegangen, daß Michael Müller, Christoph Müllers in Sehma Sohn, ein schwacher Bauers Knabe von 16 Jahren, aus Cunnersdorf ein Schock Reißholz auf einem Schlitten hochgeladen mit einem Pferd herein geschleppet, da gar kein Schnee mehr vorhanden und keine Schlitten Deichsel angemachet gewesen. Indem aber dieser Schlitten uff dem Felßen-Weg von der Capellen her aufgestiegen und umbgefallen und diesen Knaben gefangen, hat das fort reißende Pferd mit diesem geladenen Schlitten ihn übel zugerichtet und getödtet, worauf er des folgenden Tages Gerichtlich auffgehoben und deßen Angehörigen, auff ihr bitten, ausgeantwortet worden.

An diesem Ort hat man nachgehends einen großen Stein mit einem eingehauenen Creuz und der Jahreszahl auff die Seite am Wege gesezet und auffgerichtet.«

Dieser Gedenkstein ist leider nicht mehr nachweisbar.

Gedenkstein für ein erfrorenes Kind zwischen Sosa und Erlabrunn; 1788/89

Bei Sosa erfroren?

1788/89: Bis um 1985/90 stand im Walde, in der Nähe der Jugendherberge »Rote Grube«, im Steinheidel, zwischen Sosa und Erlabrunn, ein kleiner Granitstein von 1 m Höhe. Die schwer zu entziffernde Inschrift gibt der Heimatforschung einige Rätsel auf.

Einiges spricht dafür, daß es sich hier um einen jener selten gewordenen »Maßensteine« aus dem Bergbau handelt. Damit wurden einst die Grubenreviere begrenzt. Bergbau wurde hier vermutlich schon seit dem 16. Jh. betrieben.

Die Inschrift auf diesem Stein läßt sich auch so deuten:

1788
†††
Alhier erfror (?)
d d 9 Se (?)
Ao (?) 1789

In der Umgebung von Sosa und Breitenbrunn entstand daraus folgende Geschichte:
An einem kalten und schneereichen Wintertag des Jahres 1788 sollte ein kleines Mädchen den Bergleuten in der Roten Grube den Weihnachtsstollen bringen. Kurz bevor sie die Grubengebäude erreichte, verirrte sie sich jedoch im finsteren Wald und erfror im tiefen Schnee. Erst im folgenden Frühjahr 1789 wurde sie wiedergefunden.
Dieser rätselhafte Stein wurde, zerbrochen in zwei Stücke, vom Herbergsvater der Roten Grube eingelagert. Dort wartete er auf seine Wiederaufstellung, dort, wo einst die alte Grubengrenze war, oder das Mädchen verstarb.

Niederstriegis: »Mit Pferden und Wagen in der Mulde ertrunken«

1798: Fuhrmann war einst ein sehr gefährlicher Beruf. Überfälle auf Frachtwagen, Unfälle durch umstürzende Wagen oder durchgehende Pferde, kamen recht häufig vor. Denkmale, die an solche Ereignisse erinnern, sind jedoch recht selten.
Im Jahre 1928 entdeckte und beschrieb der Freiberger Heimatforscher Dr. Stephan eine merkwürdige bunte Gedenktafel an einem alten Bauernhof am Dorfweg in Niederstriegis. Jahre später hatte man diese wieder abgebaut und im Hausflur aufgehängt, um sie vor dem weiteren Verfall zu schützen. Vor kurzem wurde das alte Torhaus am Gut, aus dem Jahre 1788, wieder eindrucksvoll rekonstruiert. Dabei kam die vorsichtig restaurierte Gedenktafel wieder an ihren ursprünglichen Platz.
Das auf Kupferblech gemalte Ölbild zeigt einen großen 4spännigen Frachtwagen. Der gestiefelte Fuhrmann, mit seinem rotbebänderten Zylinder, schwingt auf dem prächtig geschmückten Sattelpferd die Peitsche. Die Umschrift berichtet: »Johann Christian Pönisch verunglückte am 19. Jan. 1798 in der Mulde bei Grünroda mit Pferden und Wagen.« Grünroda war einst eine alte, jetzt überbrückte Furt durch die Freiberger Mulde, nur wenig unterhalb dieses Gutes mit der Gedenktafel.
Die Geschichte von diesem Unfall ist heute noch im Ort sehr bekannt und lebendig. So soll »der alte Pönisch« an diesem 19. Januar am Ufer des Hochwasser führenden Flusses gestanden und seinem zögernden Sohn zugerufen

haben: »Nun fahr' doch endlich los, du kommst schon durch«, dann mußte er zusehen, wie sein Sohn mit dem gesamten Fuhrwerk vom reißenden Fluß weggeschwemmt wurde.

Aus den Kirchenakten erfahren wir dazu: Johann Christian Gottfried Pönisch war der älteste, im Jahre 1770 geborene, Sohn des Bauern Christian Gottlob Pönisch. 2 Tage nach dem Unfall hat man »seinen Leichnam in Döbeln gefunden und gerichtlich aufgehoben und am 22ten mit einer Abdankung öffentlich und anständig beerdigt«.

Denkmal für eine ertrunkene Frau; um 1800; Königswalde

In Königswalde ertrunken

Um 1800: Nach den Berichten der Erzgebirgschronisten ertranken einst in den reißenden Gebirgsbächen nahezu in jedem Jahre einige Menschen. Erinnerungen an solche Unfälle findet man jedoch nur wenige.

Neben der oberen Brücke über den Pöhlbach in Königswalde steht ein sehr aufwendiges, 1,25 m hohes Denkmal aus weißem Crottendorfer Marmor. Der Sockel ist an vier Seiten beschriftet, doch davon ist kaum noch etwas zu entziffern. Im Dorf wird heute noch erzählt, daß hier ganz früher einmal eine Frau ertrunken sei. Nach der Form des Denkmals könnte das um 1800 geschehen sein.

An einer Seite ist noch erkennbar, daß das Denkmal einer »Sophie Charlotte verwittwete Schubertin« gewidmet war. Die anderen drei Seiten enthalten Bibelsprüche. Zwei davon mit tröstenden Texten, und einer nimmt sehr drastisch auf den Tod im Wasser Bezug:

»Fürchte dich nicht
den wo durchs
Wasser gehest
will ich bey dier sein
daß dich die Ströme
nicht sollen
ersaufen.«
Jesaja 43 Cap. 31

Für einen unbekannten Fuhrmann

18.Jh.: Über Waldkirchen und Börnichen führten einst mehrere alte ausgefahrene Wege den steilen bewaldeten Hang hinunter, am »Schwarzen Teich« vorbei, in das heute verschwundene Dorf Neunzehnhain. Diese Spurwege haben sich bis heute als interessante Denkmale des ehemaligen Straßenverkehrs erhalten.

An einem dieser Wege, mitten im Walde, steht ein verwitterter barocker Gedenkstein. Von der einst sehr umfangreichen Inschrift ist kaum noch etwas lesbar. Die Reste deuten darauf hin, daß hier in einem Monat August ein Mann im Alter von 39 Jahren, 7 Wochen und 1 Tag verstorben ist.

Die Rückseite trägt einen Bibelspruch aus dem Prediger Salomo 9.12.

»Auch weiß der Mensch
seine Zeit nicht sondern wie die Fische
Gefangen werden mit einem schädlichen
Netz und Vögel mit einem Garn
Gefangen werden so werden auch die
Menschen Gericht zur bößen Zeit
wenn sie plötzlich über Sie fallet.«

Eine Familie, die einen so großen Gedenkstein an der Unfallstelle errichten konnte, gehörte sicher nicht zur untersten sozialen Schicht.

Ein älterer Einwohner erinnerte sich noch an die Zeit um 1940/42. Damals erzählte man sich, daß dieser Stein an einen Fuhrmann erinnert, der unter seinem umstürzenden Holzfuhrwagen ums Leben kam.

Barocker Gedenkstein für einen unbekannten Fuhrmann; 18. Jh.; Bornwald bei Wünschendorf

Noch heute in der Binge in Geyer begraben

1803: In Geyer wird mindestens seit der Mitte des 15. Jh. Bergbau auf Zinn betrieben. Bis zum Jahre 1845 sollen hier 72 600 Zentner Zinn im Wert von 7 bis 8 Millionen Mark gefördert worden sein.

Im »Zwitterstock« am Geyersberg entstanden dadurch riesige nur noch von wenigen Pfeilern getragene Hohlräume. Im Herbst des Jahres 1704 kam es zu einem ersten großen Bruch, »durch welchen Bergfall viel Holz verstürzet und die Häuser im Geyer erschüttert worden, wie bei einem Erdbeben.« Die nun leichter abzubauenden riesigen Bruchmassen führten dazu, den Berg noch intensiver auszubeuten. 1795 brach der Berg wieder ein. Dadurch soffen die untersten Baue ab. Doch der Abbau ging weiter.

Am 11. Mai 1803 kam es am Geyersberg zur letzten großen Katastrophe. Im Berg waren durch den Abbau Hohlräume bis zu 40 Meter Höhe und einer mittleren Weite von 35 Meter entstanden. Die letzten stützenden Säulen waren bis auf 5 Meter Durchmesser abgebaut und konnten die Last des Berges nicht mehr tragen. In den ersten Maitagen des Jahres 1811 kam der Berg in Bewegung. Am 11. Mai, mittags gegen 14 Uhr, fuhren die zwei Bergleute Schramm und Zimmermann gegen alle Warnungen ein, um zu überprüfen, ob der Abbau weiter fortgesetzt werden kann. Kurz danach brach der Berg in sich zusammen. Mit einer Länge von fast 200, einer Breite von 60 und einer Tiefe von 70 Metern entstand die gewal-

Die Binge in Geyer. Hier liegen noch immer die Bergleute Schramm und Zimmermann begraben; 1803; Geyer

tige Binge, die heute noch zu den eindrucksvollsten Denkmalen der erzgebirgischen Bergbaugeschichte gehört.

Die beiden Berghäuer »ruhen noch im Geyersberg«, wie der Pfarrer Heinsius damals notierte. Der 40jährige Christian Gottlieb Schramm hinterließ eine Witwe und 5 Kinder, Johann Gotthilf Zimmermann, eine Witwe und 2 Kinder.

1983 errichtete die Bergbrüderschaft Geyer am Unfallort zur Erinnerung an diese Bergleute eine Schrifttafel. Seitdem gedenkt im Mai jeden Jahres die Brüderschaft mit einer Kranzniederlegung ihrer in der Binge ruhenden Kumpel.

Für einen Freiberger Bergstudenten

1811: Der Bergbau im Erzgebirge forderte im Verlaufe seiner vielhundertjährigen Geschichte zahllose Opfer. Ein schlichtes, heute längst verwittertes, Holzkreuz war für die meisten Bergleute der letzte Gruß.

Im völligen Kontrast dazu befindet sich auf dem historischen Donatsfriedhof in Freiberg die prunkvolle Grabstätte des 15jährigen, im Jahre 1811 tödlich verunglückten, Bergstudenten Johann Christian Erhardt Hammersdörfer.

Als der vermögende Dresdner Kauf- und Fabrikherr Hammersdörfer verstarb, hinterließ er seiner Witwe einen am 4. April 1795 geborenen Sohn Johann Christian Erhardt und eine Tochter. Sein Sohn ging als 15jähriger nach Freiberg zum Herrn Oberbergamtssekretär und Senator Alexander Wilhelm Köhler in Logis und studierte in der Bergakademie »Cameral-Wissenschaft«, das waren Wirtschafts- und Bergbauwissenschaften.

Am 15. Mai 1811 verunglückte der 15jährige Bergstudent Hammersdörfer tödlich. Wie es dazu kam, beschreibt sein väterlicher Freund und Logisherr, Wilhelm Köhler, in einem am 23.Mai veröffentlichten Nachruf:

»Er war am Morgen dieses Tages in Begleitung eines ihn instruierenden Kunstarbeiters (d.h. Maschinisten) auf dem Berggebäude Himmel-

Grabstätte für den 15jährigen Bergstudenten Johann Christian Erhardt Hammersdörfer; 1811; Freiberg

fahrtsamt Abraham angefahren, hatte sich bey Besichtigung des Kunstrades, ohngeachtet der von seinem Begleiter erhaltenen Warnung, im Drange seiner Wißbegierde, um die Construction des Rades näher kennenzulernen, zu tief gebückt und dadurch entweder das Gleichgewicht verlohren, oder war als vollblütiger junger Mensch vom Schwindel überfallen worden, und stürtzte solchergestallt 18 Ellen (=10,2 m) tief in den Schacht, ohne daß es gedachtem Kunstarbeiter, der ihm im Fallen noch beym Kittel ergriff, möglich war, ihn halten zu können. Schon im Fallen hatte er sich an einem Schachtstoße den Hintertheil des Kopfes zerschlagen, und war ohne einen Laut von sich zu geben, sogleich tod geblieben.«

Dem Zeitempfinden entsprechend widmete Köhler dem jungen Freund folgende Zeilen:

»Kaum ausgelaufen und schon am Ziele
Ist Sohn und Bruder, er ist dahin!
Traum war sein Leben,
gleich Blüthen im Spiele
Lieblicher Feste verweht - und dahin !

In tiefer Trauer fühlt unsre Seele
Des Jünglings Scheiden aus unserm Kreis;
Doch, Gehn wie Kommen sind Befehle
Des Ew'gen, ehrt sie, ehrt sein Geheiß ! -
Wir sehen ihn wieder in Höhern Sphären;
Denn nur die Hülle sank in die Gruft.
Sein Geist entschwebte zu jenen Sphären,
Wohin auch uns Gottes Stimme einst ruft.«

Diesem Zeitgeist entsprach auch das aufwendige Grabmal. In der sächsischen Kunstgeschichte gilt es als eine der besten Arbeiten des Dresdner Hofbildhauer Franz Pettrich (1770 - 1844). Der hohe Sandstein-Sarkophag wird von zwei Marmorreliefs geschmückt. Eine Tafel enthält den Namen und die Lebensdaten des Verstorbenen. Das andere Relief symbolisiert nach klassischem Vorbild den Abschied. - Die klagende Mutter sitzt am Herd, mit der jüngeren Schwester am Schoß, entläßt sie den Sohn, der bereits abgewandt, von einem Schutzengel geleitet, dem aus der Tiefe steigenden Hermes, dem »Seelengeleiter«, in die Ewigkeit entgegengeht.

Marmorrelief an der Grabstätte für den Bergstudenten Christian Erhardt Hammersdörfer

Der Breitenbrunner »Leichenstein«

1814: An der Straße von Breitenbrunn nach Rittersgrün steht am Abzweig zum Besucherbergwerk eine runde, keglige Granitsäule. In Schreibschrift ist darin eingemeißelt:

Zum Andenken
G.L.Albrecht
d. 6. März 1814

Vor einigen Jahren war man in der Umgebung noch der Meinung, dort ist es »nicht ganz richtig«, das will heißen, es spukt. Außerdem hat man nachts ein Licht gesehen. Alles deutete darauf hin, daß dort jemand ermordet wurde. Fragt man heute nach dieser Geschichte, dann heißt es meist, »dort hat es früher einmal einen Förster erschlagen«.

Wie so oft, hilft auch hier ein Blick in das kirchliche Sterberegister. Dort, im Pfarramt Rittersgrün, ist unter dem Jahre 1814 nachzulesen, daß dieser »G.L.Albrecht« der »Königlich sächsische Unterförster Gottlob Leberecht Albrecht« war.

Am frühen Morgen des 6. März 1814 wanderte er, von Rittersgrün aus, die alte Forststraße nach Breitenbrunn hinüber. Dabei ging es für den 63jährigen ganz schön bergauf. Oben auf der Höhe angekommen, traf ihn ein »Nervenschlag«, an dem er »nach 9 Uhr« an dieser Stelle verstarb.

Die Gedenksäule gibt noch ein Rätsel auf. Da sie an einer Wegabzweigung steht und an der Rückseite ein eiserner Meßpunkt angebracht ist, könnte der Unterförster Albrecht an einer bereits vorhandenen Wegsäule gestorben sein. Die Inschrift brachte man dann nachträglich an. Die andere Möglichkeit besteht darin, daß diese etwa 4 $^{1}/_{2}$ Zentner schwere Granitsäule, erst nach 1814, als sehr kostspielige Ehrung aufgestellt wurde.

Gedenksäule für einen verstorbenen Förster; 1814; Breitenbrunn

Gedenksäule für den verunglückten Müller Bernhard; 1819; Dittersbach

In Dittersbach von einem schweren Rad überrollt

1819: Dittersbach liegt nur wenig südwestlich vom Städtchen Frauenstein auf der Höhe zwischen dem Gimmlitzbach und der Freiberger Mulde. Unten am Gimmlitzbach stand einst die Mahl- und Ölmühle des Müllers Bernhard.
Am 25. Juni 1819 verunglückte der Müller an der Straße nach Lichtenberg tödlich. Das Rad eines schwerbeladenen Fuhrwerks fuhr ihm über den Kopf. An der Unfallstelle errichteten die Angehörigen einen Gedenkstein.
Nach 1945 entstand im Gimmlitztal die Talsperre Lichtenberg. Unter dem angestauten Wasser versank die Mahl- und Ölmühle, doch der Gedenkstein wurde gerettet. Die schlichte Säule aus Sandstein steht heute, etwas versteckt, an der stillen Forststraße, die am unteren Ortsteil von Dittersbach beginnt und oberhalb des Südufers der Talsperre Lichtenberg in Richtung Mulda führt.
Das Oberteil der Säule zeigte einst einen Strahlenstern und am Unterteil waren der Name und der Todestag des Müllers Bernhard zu lesen. Heute ist nahezu alles davon verwittert.

Von einem Baum erschlagen im Röthenbacher Forst

1831: Am 23. Januar 1831 trug der Lippersdorfer Pfarrer, unter der Nr. 1831/3 des Sterberegisters, den Tod des Gottlieb Enzmann aus Reifland ein.

- »Tag und Stunde des Todes: Den 20. Januar früh 9 Uhr.
- Begräbnis: D. 23. Januar.
- Name: Gottlieb Enzmann, maritus (= Ehemann)
- Bürgerliche Verhältnisse: gewesener Häusler und Holzarbeiter zu Reifland.
- Alter: 63 Jahr, 26 Wochen.
- Hinterläßt: 2 Töchter, 4 Söhne am leben.«

Der alte Enzmann gehörte unter den damals 440 Einwohnern von Reifland zu den Häuslern, daß heißt, zu den Armen im Dorfe. Diese verdienten sich ihr Brot im Sommer als Landarbeiter bei den Bauern und im Winter als Holzarbeiter im Forst.
So war es auch am 20. Januar 1831, als eine fallende Fichte den Enzmann-Gottlieb im Röthenbacher Forst erschlug.

Gedenkstein für den verunglückten Waldarbeiter Gottlieb Enzmann; 1831; Röthenbacher Forst

Vermutlich wenig später setzten ihm seine Kinder an der Unfallstelle einen Gedenkstein mit der Inschrift:

Gottlieb Enzmann
Scheitschläger aus Reifland ward
von einer Fichte allhier erschlagen
D.20.Jan. 1831

Aus dem Worte »Scheitschläger« klingt heute noch ein wenig Berufsstolz. Das war sicher einer, der nicht nur Bäume fällen konnte.
Der Gedenkstein für den Enzmann-Gottlieb steht heute etwas verlassen im Röthenbacher Forst an der Straße von Reifland nach Eppendorf, etwa 1500 m vom südlichen Waldeingang, wenig abseits der westlichen Straßenseite.
Die Inschrift ist nur noch schwer lesbar, und von einer einst hier gepflanzten Wildrose hat sich nur noch ein dürftiger Rest erhalten.

Der Tod des Häuslers Weise aus Hetzdorf

1832: Hetzdorf zieht sich, nordöstlich von Freiberg, am Hetzbach und dem Tharandter Wald entlang. Die kleine alte Streusiedlung hatte im Jahre 1834 insgesamt 321 Einwohner. Viele davon waren Häusler, die im Tharandter Wald als Holzarbeiter ihr Geld verdienten. Einer von ihnen war der Häusler und Waldarbeiter Weise.
Im Tharandter Wald, am Gottschaldweg im Forstrevier 430, steht ein bescheidener Gedenkstein. Seine etwas verwitterte Inschrift läßt sich mit Mühe noch lesen:

Auf dieser Stätte
verunglückte am 13. Aug. 1832
der Häusler u. Wald ... hr
Johann Carl Gottlob Weise
aus Hetzdorf
geb. am 5. März 1781
gest. am 15. August 1832
II (?) 51 Jahr 5 Mon. 9 Tage
hinterließ 1 Wittwe 10 Kinder

Nach dem Sterberegister des Jahres 1832 im Pfarramt Niederschöna war dieser Unfall nicht sofort tödlich. Er erlitt an dieser Stelle schwere Verletzungen und starb daheim am Wundbrand am 17. August nachmittags 2 Uhr. Seine 10 Kinder waren noch »unerzogen«, also wohnten noch im Hause.

Gedenkstein für den verunglückten Waldarbeiter Johann Gottlieb Weise; 1832; Hetzdorf am Tharandter Wald

Dorfkirche; 1845; Königswalde

Der Darrhausbrand in Königswalde

1845: Um das Jahr 1840 beschrieb der Königswalder Pfarrer Johann Gottlob Bergelt sein Kirchdorf:

»Das Areal des ganzen Dorfs beträgt 2399 Akker und 23 Quadratruthen, mit 30,539,91 Steuereinheiten. Von den 219 Catasternummern, die das Dorf umfaßt, gehören 125 der Rathsseite an, die außer Kirche, Pfarre und Schule, 1 Erblehngericht, 32 Bauergüter und 89 Häuser zählt, 94 aber der Amtsseite, nämlich 1 Erblehngericht, 30 Bauergüter und 64 Häuser. Darunter sind ein Schnarr- und Zeughammer, 9 Mahl-, 3 Oel- und 3 Brettmühlen.«

Zusätzlich gab es hier eine »Königliche Chausseegelder-Einnahme« und ein Forsthaus.

Königswalde mit seinen damals 1850 Einwohnern erweckt den Eindruck eines reichen und schönen Bauerndorfes. Doch der Pfarrer Bergelt korrigiert dieses Bild:

»Obschon der Ackerbau nicht unbedeutend und nach Beschaffenheit der Lage und des Bodens nicht unergiebig ist, namentlich auch der stark betriebene Flachsbau dem Producenten manchen schönen Gewinn abwirft, und vielen Händen, die sonst feiern würden, einige Wochenlang Beschäftigung und Verdienst giebt, so gewährt derselbe doch etwa nur dem dritten Theil der Bevölkerung das ganze Jahr hindurch Unterhalt. ... so ist der größerei Theil der männlichen Bevölkerung auf Taglöhnerei angewiesen.«

Er faßt zusammen:

Königswalde »... gewährt, besonders vom Pöhlberge aus, wo man ihn in seiner ganzen 1 St. betragenden Ausdehnung überschauen kann, einen malerischen Anblick, der es vergessen läßt, daß man eines der ärmeren Dörfer vor sich hat.«

Nur fünf Jahre später ereignete sich in Königswalde einer der schwersten Unfälle in der erzgebirgischen Landwirtschaftsgeschichte.

Im Herbst des Jahres 1845 war die reiche Flachsernte eingebracht. Im Winterhalbjahr sollte diese Ernte nun, wie es Pfarrer Bergelt beschrieb, »vielen Händen die sonst feiern würden, für einige Wochen Beschäftigung und Verdienst geben.«

Der Flachs war zu darren, dann zu brechen und

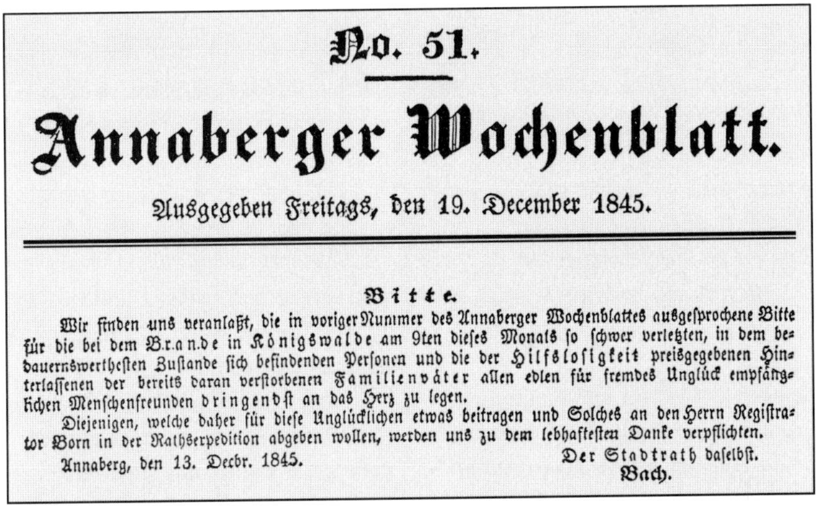

No. 51.

Annaberger Wochenblatt.

Ausgegeben Freitags, den 19. December 1845.

Bitte.

Wir finden uns veranlaßt, die in voriger Nummer des Annaberger Wochenblattes ausgesprochene Bitte für die bei dem Brande in Königswalde am 9ten dieses Monats so schwer verletzten, in dem bedauernswerthesten Zustande sich befindenden Personen und die der Hilfslosigkeit preisgegebenen Hinterlassenen der bereits daran verstorbenen Familienväter allen edlen für fremdes Unglück empfänglichen Menschenfreunden dringendst an das Herz zu legen.

Diejenigen, welche daher für diese Unglücklichen etwas beitragen und Solches an den Herrn Registrator Born in der Rathsexpedition abgeben wollen, werden uns zu dem lebhaftesten Danke verpflichten.

Annaberg, den 13. Decbr. 1845.

Der Stadtrath daselbst.
Bach.

Bitte um Spenden für die Opfer des Darrhausbrandes im Annaberger Wochenblatt vom 19.12.1845; Königswalde

zu hecheln und zu spinnbaren Fasern vorzubereiten.

Das Darren erfolgte in größeren Gemeinden in Darrhäusern. Das Königswalder Darrhaus stand auf der Amtsseite. Es war, wie alle diese Darren, ein sehr leichter Bau, in dem die Darröfen Tag und Nacht beheizt wurden. Die Flachsbündel breitete man auf den stark erhitzten Darrplatten aus und röstete sie so lange, bis sich die harte Schale der Halme brechen ließ.

Am frühen Morgen des 9. Dezembers 1845 waren wieder 35 Arbeiter im Darrhaus beschäftigt. 8 Uhr brach plötzlich ein Brand aus. Die großen Mengen eingelagerten Flachs brannten im Nu wie Zunder. Alle versuchten sich zu retten, doch die Fluchtwege waren vermutlich zu eng. »15 Arbeiter wurden von den Flammen theils mehr; theils weniger beschädiget.« 8 Familienväter »wurden nach unsäglichen Leiden ein Raub des Todes.«

Der Erste verstarb noch am gleichen Tag, der Letzte nach schweren Leiden am 31. Dezember. Der Jüngste war 30 Jahre, der Älteste 57 Jahre alt. Von den 8 Opfern waren 7 Handarbeiter und 1 Zimmermann. Sie hinterließen 7 Witwen und 33 Kinder.

An dieses Unglück erinnerte über viele Jahrzehnte eine 1 $^{1}/_{2}$ x 2 Meter große, hölzerne Gedenktafel an der Königswalder Kirche. Sie nennt die Namen, das Alter, den Beruf und die Familienverhältnisse aller Verstorbenen.

In 6 Versen beschrieb vermutlich Pfarrer Bergelt, wie damals die gesamte Gemeinde Königswalde mit den Opfern litt.

»Kanst Du wohl, schlichtes Denkmal,
jene Tage schildern,
Die deine Aufschrift hier dem Pilger nennt.
Mit ihren Schrecken, ihren Jammerbildern,
Für die die Sprache keine Worte nennt?
Kanst Du die Zahl der vielen Seufzer sagen,
vom Leidenslager, herzzereißend bang
Auf dem, umringt von seiner Lieben Klagen,
Manch frisches Leben mit dem Tode rang?

Der letzte Vers läßt vermuten, daß nicht nur die Gemeinde, sondern auch von außerhalb versucht wurde, dieses Unglück durch milde Gaben zu lindern.

Euch aber, von der Hütte bis zum Throne,
Ihr edlen Helfer alle fern und nah,
Euch kröne Gott mit seinem schönsten Lohne,
Der auch das Kleinste, das Verborgene sah!
O, laßt uns reichlich gute Thaten üben,
Und, müssen auch wir rauhe Wege gehn
Doch bleiben treu im Glauben, Hoffen Lieben
Biß wir dieß Denkmal einst
in Klarheit sehn.«

Diese Gemeinsamkeit in Not und Elend hielt in Königswalde über Jahrzehnte an. 50 Jahre nach dem Darrhausbrand, am 9. Dezember 1895, widmeten 23 Hinterbliebene ihrer Kirche eine weitere Gedenktafel. Auch diese ist noch erhalten.

Der erste Weltkrieg von 1914/18 setzte mit seinen Millionen von Opfern neue Maßstäbe. Der Darrhausbrand und seine beiden Gedenktafeln gerieten zunehmend in Vergessenheit. Um 1930 waren beide Tafeln noch an der Kirche zu sehen, dann wurden sie zum Schutz vor weiterem Verfall auf dem Dachboden der Kirche eingelagert.
1945, zum 100. Jahrestag dieses Ereignisses, war gerade der zweite Weltkrieg zu Ende gegangen, an die Opfer des Jahres 1845 dachte kaum noch jemand.
1995, zum 150. Jahrestag, erhielten diese zwei Denkmale wieder einen würdigen Platz als mahnende Erinnerung an eine Zeit, in der die dörfliche Gemeinschaft einen erstrebenswerten Gemeinschaftsinn bewies.

Gedenktafel für 8 bei dem Darrhausbrand Verstorbene; 1845; Königswalde

Bei Gebersbach unter dem Getreidewagen begraben

1861: Nur wenige Kilometer vor Döbeln biegt eine Nebenstraße westwärts von der B 169 nach Knobelsdorf ab. Hinter der weithin sichtbaren Dorfkirche steht ein Grabstein, der an den tödlichen Unfall eines offensichtlich reichen Bauernsohnes aus dem benachbarten Rudelsdorf erinnert.

Grabmal für den verunglückten Johann Mertig; 1861; Gebersbach

Der 23jährige war am frühen Morgen des 26. November in Rudelsdorf mit einer vollen Getreidefuhre losgefahren. In Gebersbach bog er in die Straße nach Waldheim ein. Gegen $^1/_2$ 9 Uhr scheuten seine Pferde. Der vollbeladene Wagen stürzte um und begrub den Fuhrmann unter sich.
Anstelle eines Gedenksteines an der Unfallstelle errichteten ihm seine Eltern ein außergewöhnliches Grabmal.

Die Inschrift lautet:

Hier ruht in Gott
Friedrich Johann Mertig
Herrn Christian Mertigs in Rudelsdorf
ehelich 2. Sohn, ein Junggeselle.
Er wurde geb. d. 18. September 1838 und
endete sein junges Leben
zum größten Leidwesen der Seinigen
am 26. Novmbr. 1861
wo er bei einer Wirtschaftsfuhre
durchs Scheuwerden
der Pferde verunglückte.

Das Denkmal erzählt eine damals noch allgemein verstandene Bildgeschichte. Ein Todesengel stützt sich auf eine von einem Tuch verhangene Urne. In der Linken hält er zwei Mohnkapseln als Symbole des ruhigen Schlafes. Die Rechte hält eine nach unten gesenkte Fackel als Zeichen des verlöschenden Lebens. Ein Schmetterling als Sinnbild des gefährdeten Lebens wird von einem Insekt mit kneifenden Zangen - den Gefahren des Alltags - bedroht, während er der verlöschenden Flamme, seinem Ende, entgegenflattert.

Ein tödlicher Sturz auf dem Rochlitzer Berg

1866: An der Bergstraße, zwischen dem Parkplatz und dem Gipfel des Rochlitzer Berges, kommt man kurz nach der früheren Berggaststätte, an einem schlichten Gedenkstein, links des Weges vorbei. Das Original dieses vermutlich im Jahre 1867 errichteten Steines wurde bereits in den 20er Jahren durch eine Kopie ersetzt. Jedoch die Inschrift auf dieser Kopie ist bereits wieder bis zur Unleserlichkeit verwittert. Unter den Schriftzeilen ist der bebuschte Helm eines Königlich-Sächsischen Landjägers eingemeißelt.

Der Text lautete ursprünglich:

Es verunglückte hier
der K.S. Jäger Sergant Rud. Böhme
Inhaber der großen gold. Tapf.-Medaille
a. 25. Dez. 1866.
Ruhe seiner Asche !

Nach Angabe des verstorbenen Heimatforschers Prof. Clemens Pfau war der Soldat »hier im aufwirbelnden Staub einen Bruchhang hinabgestürzt.« Was hatte der Landjäger Rudolph Böhme am 1. Weihnachtsfeiertag 1866 hier oben auf dem Berg zu suchen?

Eine hilfreiche Mitarbeiterin im Pfarramt der St. Petri-Kirche in Rochlitz legt das Sterberegister für das Jahr 1866 vor. Nun läßt sich folgende Geschichte rekonstruieren:

Zum Heiligabend des Jahres 1866 wird man in der Familie des Dr. med. Alexander Böhme recht glücklich gewesen sein. Der 26jährige Sohn, ein Sergeant bei dem Königlich-Sächsischen II. Jägerbataillon, 4. Kompanie, war auf Urlaub.

Am ersten Feiertag wanderte der Junggeselle nach Mittag hinauf zur damaligen Berggaststätte auf den Rochlitzer Berg. Wie es bei so einer Gelegenheit ist, man trifft nach langer Zeit gute Freunde und hat allen Grund wieder einmal kräftig anzustoßen.

Abends gegen $^1/_2$ 7 Uhr, es ist schon stockfinster, begibt er sich auf den Heimweg. Gegenüber der Berggaststätte liegt ein tiefer Steinbruch. Wenige Tage später registriert der Pfarrer zu St. Petri: »Hermann Moritz Rudolph Böhme verunglückte beim Nachhausegehen von der hiesigen Waldrestauration durch einen Fall in den Haberkornschen Bruch, wo er augenblicklich seinen Tod fand.«

Gedenkstein für den verunglückten Jäger-Sergeant Rudolph Böhme; 1866; Rochlitzer Berg

Das große Grubenunglück in Lugau

1867: Am Montag, dem 1. Juli 1867, ereignete sich das schwerste Grubenunglück in der Geschichte des Oelsnitz-Lugauer Steinkohlenbergbaus.

Wie an jedem Arbeitstag fuhren wieder 105 Arbeiter in die »Neue Fundgrube« ein. Es war kein sicheres Unternehmen, denn der schlechte Zustand des Fahrschachtes war seit langem bekannt. 58 Fahrten (Leitern) zu je 9 m Länge, das sind insgesamt 525,25 Meter, waren in die Tiefe zu steigen. Von da aus ging es in die Querschläge. Schon beim Abstieg wurde bemerkt, daß die Grubenzimmerung weit ausgebaucht war. Der Schachtdirektor wurde umgehend davon informiert, doch da war es schon zu spät. Der Ausbau brach zusammen. Nur vier Bergleuten gelang es noch, sich aus den herabstürzenden Gesteinsmassen zu retten. Alle anderen wurden lebendig begraben. Wenig später dröhnte ein langanhaltender dumpfer Donner, der Schacht war nun endgültig zusammengebrochen. An umgehende Rettungsmaßnahmen war nicht zu denken, denn noch immer brach Gestein nach.

Denkmal für 101 verunglückte Bergleute; 1867; Lugau

Einen Tag später, am 2. Juli, versuchte ein Bergmann hinabzusteigen, kam aber nicht weiter als 67 Meter. Eine daraufhin abgeseilte eiserne Tonne erreichte nur die Tiefe von 208 m. Bei einem Tag später erneut angestellten Versuchen füllte sich die Tonne jedesmal mit rotem Schlammwasser. Das bedeutete, daß kein Wasser, aber auch keine Luft zu den Bergleuten hinabdringen konnte, die sich in 428 m Tiefe befinden mußten.

In der Zwischenzeit spielten sich am Grubeneingang herzzereißende Szenen ab. Die Angehörigen warteten verzweifelt auf hoffnungsvolle Nachrichten. Der Schachtdirektor Möller mußte unter Morddrohungen und Polizeischutz in Untersuchungshaft, in das Gericht nach Stollberg, gebracht werden.

In der Zwischenzeit weiter durchgeführte Rettungsversuche kamen über 208 m Tiefe nicht hinab. Man mußte sich der Gewißheit beugen, daß die 101 lebendig begrabenen Bergleute nicht mehr gerettet werden konnten. Wenig später wurde beschlossen, den Schacht für immer zu verfüllen. Der Zwickau-Lugauer Steinkohlenbauverein ging als Eigentümer in die Liquidation.

1869 teufte ein anderes Unternehmen, der Lugauer Steinkohlenbauverein, am gleichen Ort den »Vertrauensschacht« ab. Am 12. November 1871 fand man den ersten Toten in 300 m Tiefe. Bis zum Juli 1872 konnten nahezu alle Übrigen geborgen werden. Am 18. Juli wurden alle Gebeine in 16 Särgen in einem Gemeinschaftsgrab an der Lugauer Kirche beigesetzt. Ein 2,75 m hoher Obelisk mit den Namen der 101 Verunglückten erinnert seit dem 12. September 1872 an diese Katastrophe.

In den Jahren 1907 und 1970 erneuerten traditionsbewußte Lugauer diese Grabstätte mit dem eindrucksvollen Denkmal.

In Jöhstadt aus dem Schlitten gestürzt

1872: Im Jahre 1928 berichtete der Freiberger Heimatforscher Dr. Stephan, daß in Jöhstadt ein Gedenkstein für einen Mann steht, der im Jahre 1872, bei einem Sturz aus dem Schlitten ums Leben kam.

Wenig später, nach einem Foto aus der Zeit um 1935, lag der Stein flach neben der Tür des Hauses Annaberger Straße 15d. Hier soll er viele Jahre den ausruhenden Fuhrleuten als Sitzbank gedient haben.

Um 1971 wurde das alte Haus hinter diesem Gedenkstein abgebrochen und durch einen Neubau ersetzt. Der etwa 80 kg schwere Granitstein kam bei dieser Gelegenheit hinter das Haus. 1995 entdeckten ihn Jöhstädter Heimatfreunde dort wieder als Sockel für eine Blumenschale.

Mit diesem Stein verbindet sich folgende Geschichte: Es war im Jahre 1845. Dem »Freiherrn und Premierleutnandt beim Königl. Sächs. 1. Reiter-Regiment Kronprinz, weiland Freiherrn v. Gutschmidt, Rittergutsbesitzer auf Tamm in Niederschlesien«, wurde am 29. November 1845 zu Perlin, bei Wittenburg (sw. von Schwerin), ein zweiter Sohn geboren. Dieser Sohn Friedrich von Gutschmidt ging, wie es damals für den verarmten Adel üblich war, in den Dienst der Armee, um eine Offizierslaufbahn einzuschlagen. Über den Tod des 27jährigen war in der Tageszeitung zu lesen:

»Der zum Besuche dort anwesende Oberleutnant von Gutschmiedt hatte heute Nachmittag gegen 3 Uhr das Schicksal, bei einer Schlittenparthie, die derselbe in Gemeinschaft mit dem Herrn Hauptmann von Brzeski unternahm, dermaßen zu verunglücken, daß ihn dabei der Tod ereilte. Die beiden Herren hatten noch kaum die Stadt verlassen, als schon die traurige Kunde zurückkam, daß Ersterer blutend mit zerschelltem Kopfe zurückgebracht werden müsse.

Aerztliche Hilfe war nicht mächtig, seinen Zustand zu mildern. Nach Verlauf von 2 Stunden war dem jungen Körper des Verunglückten das Leben entschwunden. Herr Hauptmann v. Brzeski scheint mit weniger gefährlichen Confusionen und dem herzergreifenden Schrecken davongekommen zu sein.«
Zuverlässiger scheinen die Mitteilungen zu sein, die der Jöhstadter Pfarrer damals in das Sterberegister eintrug. Danach war Gutschmidt nicht zu Besuch in Jöhstadt, sondern nach dort »zur Zeit auf Grenz-Cordon commandiert.« Er »starb an den Folgen eines Schädelbruchs, den er beim Sprung oder Sturz aus dem mit einem Reitpferd des Hauptmanns Brzeski bespannten Schlittens nachmittags 4 Uhr 50 min. an einem Chausseebaum erlitt.« Das geschah vor dem heutigen Hausgrundstück Annaberger Straße 15 d.

Nach den Notizen des Pfarrers aus Jöhstadt wurde der Verstorbene »am Donnerstag den 19. Dezember nachmittags 12 Uhr im Hotel Stadt Prag eingesegnet und hierauf mit Leichenpaß nach Großenhain transportiert.« Angehörige oder seine Kameraden setzten an der Unfallstelle später einen standesgemäßen Gedenkstein mit einer bereits seit Jahren verschollenen Gedenktafel. Diese könnte folgende Inschrift getragen haben:

†
An dieser Stelle verstarb am
17. Dezember 1872
Friedrich von Gutschmidt
nach einem tötlichen
Sturz mit dem
Schlitten.

Gedenkstein für den verunglückten Grenzsoldaten Gutschmidt; 1872; Jöhstadt

Ein verunglückter Reiter bei Berthelsdorf

1872: In einer Generalstabskarte aus dem Jahre 1905 ist an der Straße von Burgstädt nach Cossen, zwischen Berthelsdorf und Göritzhain, ein »Denkstein« eingetragen.
In den Jahren um 1970/75 wurde der umgestürzte und zerbrochene Stein von mehreren Heimatfreunden fotografiert und folgende Inschrift notiert:

Moller Daniel aus Wiederau
verunglückte hier
d. 25. Dezber 1872 durch
einen Sturz mit dem Pferde.

Die mehrfache Suche danach blieb aber bis jetzt ergebnislos.

Damals war auch noch folgende Geschichte bekannt:
»Im Jahre 1872 wurden auf dem 3 km entfernten, jenseits des Chemnitzflusses liegenden Gutshof des Rittergutes Wiederau, beim Gutsbesitzer Bonitz, die Pferde getränkt. Dabei entwischte ein lebhafter Hengst, der sich aber nach geraumer Zeit wieder einstellte. Die Knechte ermunterten Daniel Moller, sich ohne Sattel auf das Pferd zu setzen. Einige Zeit später kam das Pferd ohne seinen Reiter zurück. Die Knechte suchten und fanden Daniel etwa 5 km entfernt, in einem kleinen Waldstück, an der Straße von Burgstädt nach Cossen.«
Irgendwer, vermutlich der Gutsbesitzer, setzte dem Knecht ein Denkmal, an der Stelle wo er den Tod fand. Es war ein steinernes Kreuz auf einem beschrifteten Sockelstein.
Anfang der 80er Jahre wurde die alte Straße an der Unfallstelle grundlegend erneuert. Gleichzeitig ackerte sich die LPG immer näher an den Standort dieses Denkmals heran. Seitdem ist es verschollen.

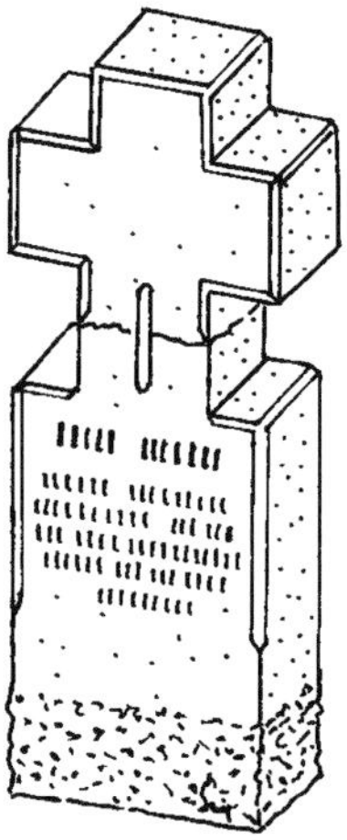

Gedenkstein für den verunglückten Reiter Daniel Moller, Rekonstruktion; 1872; Berthelsdorf

Gedenkstein für den verunglückten Reiter Daniel Moller, Zustand um 1973; 1872; Berthelsdorf

Auguste Hofmann verbrannte bei Falkenau

1873: Bis in die Jahre nach 1945 erinnerte an der Straße von Falkenau nach Augustusburg ein schlichter Gedenkstein an das tragische Schicksal der Auguste Hofmann aus Falkenau. Die Inschrift war bereits um 1938 so weit verwittert, daß der Erzgebirgsverein eine Schrifttafel daneben anbrachte, die an diesen Unglücksfall erinnerte. 1953 wird berichtet, daß dieses Denkmal bereits mutwillig weitgehend zerstört ist. Weitere 40 Jahre später wissen nur wenige Heimatfeunde, wo als letzter Rest noch ein dürftiger Bruchsteinsockel im Grase zu finden ist.

Nach den zeitgenössischen Nachrichten hatte sich an diesem Ort folgendes zugetragen:

Am Donnerstag, dem 10. Juli 1873, ging Auguste Hofmann, Tochter des Falkenauer Zimmermanns Gottlob Friedrich Hofmann, mit ihrem Bräutigam von Falkenau aus in Richtung Augustusburg spazieren. Vermutlich hatte sie sich an diesem Tag wieder besonders hübsch gemacht und ihr Kleid, wie es damals üblich war, in Benzin gewaschen. Unterwegs brannte sich der junge Mann eine Zigarre an und kam dabei dem jungen Mädchen zu nahe. Ihr Kleid fing Feuer und »ohne ihr Hilfe bringen zu können, mußte er zusehen, wie seine Braut von den Flammen ergriffen wurde.«

Nach zehn Tage langem Leiden verstarb Auguste Hofmann am 20. Juli 1874, im Alter von 19 Jahren und 5 Monaten.

Die wenig befahrene Feldstraße ist ein beliebter Wanderweg aus dem Flöhatal hinauf zum Schloß Augustusburg.

Gedenkstein für die verbrannte Auguste Hofmann; 1873; Falkenau

Für einen verunglückten Oederaner Feuerwehrmann

1881: Auf dem Friedhof in Oederan steht ein stark verwitterter Obelisk aus Sandstein. Auf der Vorderseite war einst zu lesen:

Karl Eduard Härtel
verunglückt
a. 19. 6. 1881

Auf der rechten Seite stand ein beliebter Spruch der freiwilligen Feuerwehrleute:

Dem Höchsten zur Ehr !
Dem nächsten zur Wehr.

Auf dem Obelisk liegen als Symbole ein von Eichenlaub umkränzter Feuerwehrhelm, eine Feuerwehraxt und ein Seil.

Am 19. Juni 1881 fand in Oederan ein großes Turnerfest statt. Wie es damals üblich war, feierte die Freiwillige Feuerwehr mit, denn die Oederaner Wehr ist aus der 1860 gegründeten »Oederaner Turn-Gemeinde« hervorgegangen. 1863 wurde die Oederaner »Turnfeuerwehr« gegründet. Daraus entstand 1868 die »Freiwillige Stadtfeuerwehr«.

Der 28jährige freiwillige Feuerwehrmann, Obersteiger und Rohrführer Karl Eduard Härtel, von Beruf ein Webermeister, zeigte bei dem Turnerfest, wie mit einer Steigleiter an einem Haus gearbeitet wird. »Dabei stürzte er zwei Stock herunter und brach sich ein Bein.«

Daran stirbt kaum einer. Doch er muß sich innere Verletzungen zugezogen haben, die keiner erkannte. An diesen verstarb er am 26. Juni. Er hinterließ eine Frau und ein Kind. Am 29. Juni wurde er unter großer Anteilnahme der Bevölkerung beerdigt. Seine Feuerwehrkameraden brachten aus Spenden den Betrag von 115 Mark auf. Davon ließen sie dieses Grabmal anfertigen.

Denkmal für den verunglückten Feuerwehrmann Karl Eduard Härtel; 1881; Oederan

Das Feuerwehrdenkmal in Gelenau

1882: Nach übereinstimmenden Zeitungsberichten des Jahres 1882 herrschte im Erzgebirge und seinem Vorland in den letzten Maitagen ein herrliches, vorsommerliches Wetter. Am Donnerstag, dem 1. Juni, gingen jedoch in den Chemnitzer Zeitungsredaktionen zahlreiche telegrafische Berichte über schwere Unwetterschäden in Röhrsdorf, Erfenschlag, Burkhardsdorf, Drebach, Meinersdorf, Stollberg, Mittweida, Wolkenstein, Zwickau, Planitz, Kirchberg, Schneeberg, Lengefeld, dem oberen Vogtland, Gelenau, Scharfenstein, Zöblitz und Marienberg ein. Es wird von Todesfällen und Brandschäden durch Blitzschlag berichtet. Am schlimmsten wurde jedoch die Gemeinde Gelenau, südwestlich von Zschopau, getroffen.

In einer ersten telegrafischen Meldung aus Gelenau vom 31. Mai heißt es:

»Der lang andauernde Hagelschlag am gestrigen Abend und die Überschwemmung des Dorfes haben die Wege und die Chaussee zerrissen, Bäume umgestürzt und die Häuser beschädigt. Der drei Viertelstunden währende Hagelschlag hat die Bäume ruiniert und die Felder zerrissen. Der Schaden ist unberechenbar. Zehn Personen sind ertrunken, darunter fünf Feuerwehrleute, drei Familienväter und zwei Kinder. Hülfe ist dringend notwendig.«

Ein ausführlicher Bericht folgte am 2. Juni:

»Es war 9 Uhr (abends) als von Norden her Schloßen kamen und dann eine plötzliche Windwendung uns von Westen her Hagel brachte. Gleichzeitig haben sich über die Berge von Mittelgelenau wolkenbruchartige Regen ergossen und es währte nicht lang, so wälzte sich durch das enge Tal von Mittel- und Niedergelenau eine wilde Wasserfluth.«

Die Mitglieder der freiwilligen Feuerwehr des Ortes waren an diesem Tage unter der Leitung »ihres in jeder Beziehung tüchtigen Hauptmanns Guido Ludwig« nur wenig oberhalb der Ortsmitte zusammengekommen. In Anbetracht des drohenden Unwetters wurde die Versammlung aufgelöst. Wenige Tage später wird berichtet:

»Man will noch die nicht sehr entfernten Wohnungen der Eltern erreichen und geht auf bekannten Wegen. Allein in der stockfinstern Nacht sieht man nicht die gewaltigen Fluthen und fünf Feuerwehrleute werden hinweggespült, von denen sich nur einer rettet, die anderen aber verschlungen wurden, und darunter war auch der durch seinen Gemeinsinn bekannte Guido Ludwig mit seinem Bruder, die einzigen Söhne und unentbehrlichen Stützen ihrer Eltern, Drechslermeister Riedel, ein Verheirateter und ein Unverheirateter, welch Letzterer ebenfalls die Stütze seines Vaters war.«

Das Feuerwehrdenkmal für 5 verunglückte Feuerwehrleute; 1882; Gelenau

Gelenau, 31. Mai. (Telegr.) Der lange andauernde Hagelschlag am gestrigen Abend und die Ueberschwemmung des Dorfes haben die Wege und die Chaussee zerrissen, Bäume umgestürzt und die Häuser beschädigt. Der drei Viertelstunden währende Hagelschlag hat die Bäume ruinirt und die Felder zerrissen. Der Schaden ist unberechenbar. Zehn Personen sind ertrunken, darunter fünf Feuerwehrleute, drei Familienväter und zwei Kinder. Hülfe ist dringend nöthig.

Telegramm-Nachricht über die Unwetter im Erzgebirge im Chemnitzer Tageblatt vom 1.6.1882

Neben diesen Feuerwehrmännern ertranken noch weitere fünf Einwohner.

»Ein Vater wollte sich mit seinem sechsjährigen Kinde aus der mit Wasser gefüllten Stube retten, trat hinaus, ward ebenfalls verschlungen, und man fand ihn todt, das todte Kind ihm noch am Halse hängend. Außerdem sind noch zwei Familienväter und ein Bruder mit seiner Schwester, die er ebenfalls retten wollte, um's Leben gekommen. Alle werden heute, Donnerstag Nachmittag, gemeinsam begraben.«

»Gemeinsinn«, wie er bei der freiwilligen Feuerwehr besonders ausgeprägt ist, wurde in diesen Zeiten hoch anerkannt. Wenig später nach diesem Ereignis begann man unter den »opferfreudigen Kameraden der freiwilligen Feuerwehr des sächsischen Vaterlandes« für ein Denkmal zu sammeln.

Es kamen so viele Spenden zusammen, daß sich die Gelenauer das größte Denkmal dieser Art in Sachsen leisten konnten. Auf einem quadratischen Sockel steht eine hohe vom Helm des Hauptmanns bekrönte Säule. Ein ovales von Eichenlaub umkränztes Relief zeigt, unter dem Symbol der göttlichen Dreieinigkeit, zwei hilfreiche Hände über dem Dach eines brennenden Hauses. An den vier Ecken des Sockels liegen die Helme des verunglückten Feldwebels Riedel, des Steigers Schneider, des Steigers Pfüller und des Spritzenmannes Ludwig.

Am Sockel steht die Widmung:

Ihren fünf braven Kameraden,
welche an dieser Stelle in den Wellen
der Hochfluth vom 30. Mai 1882
ihren Tod fanden.
Die freiwillige Feuerwehr Gelenau

—

Gestiftet
am 26. August 1883
unter Beihilfe
opferfreudiger Kameraden
des sächsischen Vaterlandes.

Es folgen die Namen der fünf Opfer und der tröstende Spruch

Rasch tritt der Tod den Menschen an.
Es ist ihm keine Frist gegeben.
Es reisset ihn fort vom vollen Leben.

Für den 15. August 1883 war angekündigt:
Am Sonntag, dem 26. August, wird das Denkmal für die umgekommenen Feuerwehrleute enthüllt. »Es wird genau an der Stelle errichtet, wo die Braven damals ihr Leben einbüßten. Das Denkmal besteht aus Sandstein, hat goldene Inschriften und ist im Bildhaueratelier in Burkhardsdorf angefertigt.«

Die Enthüllung des Denkmales erfolgte in einem sehr feierlichen Akt und im Beisein zahlreicher Feuerwehren. Der Festzug bewegte sich von Sammelort am Steigerhaus unter den Klängen eines Trauermarsches zum Denkmal. Dort wurde vom Musikchor der Choral »Wie sie so sanft ruhen« geblasen, bevor die Hülle fiel.

Gedenktafel für die verunglückten Bergleute Richter und Johne; 1883; Halsbrücke

Nach einem Sprengstoff-Unfall in Halsbrücke

1883: Etwa 3 km nördlich von Freiberg liegt Halsbrücke, ehemals eines der bedeutendsten Zentren der sächsischen Hüttenindustrie. Hier in Hals, heute ein Ortsteil von Halsbrücke, war seit dem Jahre 1861 der »Beihilfe Erbstolln« in Betrieb. Er wurde später mit dem »Kurprinz Friedrich August Erbstolln« zu Großschirma vereinigt. 1883 brachte diese Grube mit 327 Mann Belegung 19.000 Zentner Erz mit einem Wert von 107.000 Mark aus.

In dieser Zeit schufen die Kumpel der Grube »Beihilfe Erbstolln« zum bleibenden Gedächtnis eine kleine, in den Fels gehauene Inschrift. Sie erinnert an den Tod der Häuer Johann Karl Richter und Heinrich Moritz Johne am 17. Februar 1883.

Nach dem »Jahrbuch für das Berg- und Hüttenwesen im Königreiche Sachsen auf das Jahr 1885« hatte sich folgendes ereignet:

»Richter und Johne sind vor dem Rothschönberger Stollnorte von Samuel Spate in Südwest bei der Maschinenbohrarbeit im Begriff gewesen, ein neues Bohrloch zu beginnen. Kaum hatte das Bohren mit der stoßend wirkenden Maschine begonnen, so erfolgte eine Explosion, durch welche beide so schwere Verletzungen erlitten, daß Johne während des Transports und Richter am 18. Februar 1883 im Bergstift zu Freiberg verschied. Da die genannten Häuer Schießmaterial gar nicht vor Ort gehabt haben, so ist anzunehmen, daß von dem zum Wegthun der in den vorhergehenden Schicht geschlagenen Löcher verwendeten Dynamit Nitroglycerin sich im Gestein erhalten hat und zur Explosion gelangt ist.«

Wenig später ging die große Blütezeit des Freiberger Bergbaus zu Ende. Die Not des Einzelnen verlor an Bedeutung, die allgemeine Notzeit der Bergleute begann.

»Da sitzt der Bergmann emsig schon vor Ort,
Allmälig weicht dem
schweren Schlag Gestein,
Und sollt' es auch nur taub Gerölle sein,
Auf Hoffnung baut er unverdrossen fort.«

Telegramm des Chemnitzer Tageblattes.

Dresden, 20. September. Die Generaldirektion der Sächsischen Staatsbahnen macht bekannt: Gestern abend 9 Uhr fuhr in der Nähe von Oederan der das Zwickauer Infanterieregiment zurückführende Zug auf den in der Einfahrt zum Bahnhof Oederan begriffenen Güterzug. Sieben Wagen des Militärzuges sind zertrümmert, 13 Soldaten todt, 30 schwer, 30 leicht verwundet. Der Zugführer ist leicht, ein Schaffner schwer verletzt. Die Ursache des Unfalls ist wahrscheinlich zu frühe Entblockung des vorliegenden Streckenblocks.

Telegramm-Nachricht über das Eisenbahnunglück bei Oederan am 19. September 1895 im Chemnitzer Tageblatt vom 20.9.1895

Das Oederaner Eisenbahnunglück

1895: In der ersten Hälfte des September 1895 waren die in Zwickau stationierten Soldaten des 9. Königlichen Infanterie-Regiments Nr. 133 zum gefechtsmäßigen Scharfschießen, vermutlich bei Zeithain, in der Gohrischen Heide. Am Mittwoch, dem 19., fuhren die über 1600 Soldaten mit dem vollen Troß zurück in ihre Garnison. Freiberg, Frankenstein und Memmendorf hatte der Zug bereits durchfahren. Nun ging es nur noch durch eine enge Kurve im Oederaner Stadtwald bis zum 1,5 km entfernten Bahnhof Oederan.

Der Zugführer ahnte nicht, daß vor ihm, auf dem gleichen Gleis, ein Güterzug langsam nach Oederan fuhr. Er sah ihn viel zu spät, der Militärtransport fuhr in voller Wucht auf. Einen Tag später wird berichtet:

»Drei Wagen wurden völlig zerstört, eine Lokomotive und einzelne Wagenteile aber waren sehr weit umhergestreut. Zu einem Haufen hochgeschichtet lagen Helme, Tornister, Brotbeutel, Feldkessel und viele andere Gegenstände umher. Acht Soldaten verloren sofort ihr Leben. Drei weitere verstarben nach qualvollen Schmerzen im Lazarett. 50 weitere Soldaten erlitten mehr oder weniger schwere Verletzungen.«

Die notwendigen Rettungsmaßnahmen liefen zu dieser Zeit noch sehr langsam an.

»Nachdem von den hinzugeeilten Einwohnern und besonders der durch das Turmläuten alarmierten Feuerwehr und den in einem Rettungszuge aus Chemnitz eintreffenden Ärzten und Arbeitern die nötigen Hilfeleistungen geschehen waren, bezog der größte Teil der Mannschaften auf dem Schützenhause und in der Stadt Massenquartiere.«

Zwei besonders verdienstvolle Helfer wurden später mit dem Ritterkreuz ausgezeichnet.

Sofort nach dem Unfall begann man für ein Denkmal zu sammeln. Es kam der Betrag von 500 Goldmark zusammen. Dafür lieferte das Chemnitzer Steinsäge-, Schleif- und Polierwerk von Illing und Rossi einen 2,5 Meter hohen

Obelisk aus poliertem Granit mit 4 Schrifttafeln aus poliertem Zöblitzer Serpentinstein.
Eine dieser Tafeln trägt die Inschrift:

Dem Andenken
der am 19. Septr. hier selbst
verunglückten Soldaten
des Königl. Sächs. Inft. Rgts.
No.133 gewidmet
von dem Regimente
und der Stadt Oederan.

Über mehrere Jahrzehnte wurde das Denkmal kaum gepflegt. Drei der ursprünglich vier Schrifttafeln wurden zerstört und sind nicht mehr auffindbar. Seit wenigen Jahren befindet sich der noch erhaltene Obelisk wieder in guter Pflege. Das Oederaner Eisenbahnunglück verursachte im nahen Chemnitz großes Aufsehen. Am Vormittag des 20. September veröffentlichte das Chemnitzer Tageblatt früh $^{1}/_{2}$ 9 und 11 Uhr zwei Extrablätter und ein offizielles Telegramm. Bis zum Mittag dieses Tages trafen auf dem Chemnitzer Hauptbahnhof zwei Rettungszüge mit Schwerverletzten und 8 Toten ein.
Diese Meldungen verursachten eine Völkerwanderung zum Unfallort.
»Die Unglücksstätte ist gestern sowie heute noch (am Sonnabend und Sonntag) von Tausenden von Menschen, die zu Fuß, per Bahn, per Wagen oder mittelst Fahrrades, selbst von weiter Ferne herbeigekommen waren, besucht worden.«
Die Beerdigung von 6 Toten dieses Unglücks erfolgte am Sonntagvormittag auf dem städtischen Friedhof. Der Trauerzug bewegte sich

Denkmal für 11 bei einem Eisenbahnunglück getötete Soldaten; 1895; Oederan

Denkmal auf dem Friedhof in Chemnitz für 6 Soldaten

vom Militärlazarett an der Feldstraße bis hinaus zur Reichenhainer Straße. Die Militärkapelle intonierte auf dem Weg Trauermärsche. Dem Trauerzug gingen »Se. Exzellenz Generallieutenant von Treitschke, Generaladjutant Seiner Majestät als Vertreter Sr. Majestät des Königs«, »Kriegsminister Generallieutenant Edler von Planitz, Exzellenz« und andere Persönlichkeiten voran.

»Eine dicht gedrängte nach tausenden zählende Menschenmenge säumte den ganzen Weg ein, bewahrte aber überall eine würdige, dem ernsten Vorgange angepaßte Haltung.«

An den Gräbern wurde später ein außergewöhnlich großes Ehrenmal aus Sandstein gesetzt. Auf dem 2,7 m hohen Denkmal ruht auf einem Kissen ein Helm des Königlich-Sächsischen Infanterie-Regiments, mit dem Sachsenwappen im Strahlenkranz. Eine mit vier Bronzerosetten befestigte Marmortafel nennt die Namen der hier beerdigten Soldaten aus Teltow, Niederschöna, Piritzheide, Venusberg, Kaschbach und Schlettau, alle im Alter von 22 bis 24 Jahren.

Kaum 20 Jahre später begann der 1. Weltkrieg. Die toten Soldaten zählten nun nach Zehntausenden. Das Denkmal aus dem Jahre 1895 war schnell vergessen. »Wirkliche Krieger-Ehrenmale« kamen »in Mode«.

Für einen Waldarbeiter bei Kretzscham-Rothensehma

1900: Im Forstrevier südlich von Kretzscham-Rothensehma steht auf einem kleinen Steinhügel, wenig oberhalb des Stümpelbaches, an einem künstlichen Wassergraben, ein kleiner Gedenkstein aus weißem Crottendorfer Marmor. Seine Inschrift teilt mit:

Waldarbeiter Friedrich Roscher
†
25. Januar 1900.

Die Einwohner der Umgebung wissen noch, hier wurde ein Waldarbeiter, kurz vor Feierabend, von einem umstürzenden Baum erschlagen.

Drei Tage später, am 28. Januar, berichtete die Chemnitzer Tageszeitung: »Auf Unterwiesenthaler Staatsforstrevier wurde auf einem Holzschlag vom Sturm ein Baum entwurzelt und umgelegt. Hierbei wurde der Waldarbeiter Roscher so unglücklich getroffen, daß er einen doppelten Schädelbruch erlitt und verstarb. Außer der Frau hinterläßt der Verunglückte, der 29 Jahre alt war, noch zwei unerzogene Kinder.«

Gedenkstein für den verunglückten Waldarbeiter Friedrich Roscher; 1900; Kretzscham-Rothensehma

In Otzdorf vom Schlag getroffen

1905: Von der B 169, zwischen Hainichen und Döbeln, zweigt ein kurzer Weg zu der kleinen Gemeinde Otzdorf ab. Wer nacherleben will, wie man noch im 19.Jh. in einer sächsischen Gutsherrschaft lebte, sollte den ehemaligen Rittergutsbezirk besichtigen. Hinter dem ehemaligen Herrenhaus, mit seiner kleinen Freitreppe, umrahmt ein kleiner Park einen stillen Teich. Die alten Wirtschaftsgebäude und Gutsarbeiterhäuser stehen noch, und über allem dominiert die mit dem ehemaligen Herrensitz entstandene Dorfkirche. Diese wurde in der sächsischen Kunstgeschichte durch die »Otzdorfer Madonna«, einem romanischen Bildwerk der Zeit zwischen 1160 und 1180, berühmt. Diese »Madonna« ist heute in der Albrechtsburg in Meißen zu besichtigen. Vor dem Eingang der Kirche stehen zwei bemerkenswerte Grabsteine des 16. Jahrhunderts.

Wie bei fast allen ehemaligen Rittergütern, läßt sich auch für Otzdorf eine lückenlose Besitzerliste nachweisen. Um 1905 war das Gut im Besitz eines Herren Lindenhain. Damals mangelte es zur Erntezeit überall an Erntehelfern. Der Herr auf Otzdorf hatte jedoch Beziehungen zum nahegelegenen Zuchthaus Waldheim. Von dort wurden die nötigen Arbeitskräfte herbeigeschafft. Von einem nahegelegenen Hügel, am Wege nach Massanai, ließen sich diese Gefangenen auf den weiten Rittergutsfeldern gut bewachen.

Zum Freundeskreis des Herren Lindenhain gehörte auch der Geheime Regierungsrat Böhmer. Dieser angesehene Mann soll, das klingt nun etwas unwahrscheinlich, von dieser Höhe aus die Strafgefangenen beaufsichtigt haben. Dabei erlitt er einen Herzschlag und verstarb an dieser Stelle.

Bis nach 1945 stand dieser Stein niemanden im Wege. Während der LPG-Zeit wurde er umgekippt und beiseite geschoben. Im Laufe der Jahrzehnte überwucherte ihn das Gebüsch soweit, daß er 1995 nur noch mit Hilfe eines älteren Einwohners wieder aufgefunden werden konnte.

Mit einiger Mühe ließ er sich wieder freilegen, aufrichten und seine Inschrift entziffern:

Hier starb Geh. Regierungsrat Böhmer
am 27. .. 1905

Die rührige Kirchgemeinde bringt dieses Denkmal der Otzdorfer Ortsgeschichte wieder in einen angemessenen Zustand.

Gedenkstein für den verstorbenen Regierungsrat Böhmer, während der Bergung; 1905; Otzdorf

Ein tödlich verunglückter Radfahrer in Krummenhennersdorf

1911: Nördlich von Freiberg führt die Fahrstraße von Dittmannsdorf hinab in das Bobritzschtal nach Krummenhennersdorf. Es war, wie man damals schrieb, »der von allen Radfahrern gefürchtete Tännichtberg«. Kurz vor der Wünschmannmühle geht die steile Abfahrt in eine Linkskurve über. Hier ist am ersten Pfeiler des Mühlengrundstückes eine stark verwitterte Sandsteinplatte eingemauert. Der noch lesbare Rest der Inschrift berichtet:

Hier verunglückte tötlich
am 27. Septbr. 19..
der Unteroffizier
...
...

Nach den Eintragungen im Sterberegister des Pfarramtes Krummenhennersdorf und den Angaben in der Tagespresse läßt sich folgender Vorfall rekonstruieren:
Kurt Emil Rötzsch, ein geborener Krummenhennersdorfer, diente als Unteroffizier in der 4. Kompanie des 4. Königlich-Sächsischen Infanterie-Regiments Nr. 103 in Bautzen. Im September 1911 verbrachte er einige Tage Heimaturlaub bei seinen Eltern, »im Sand« bei Halsbrücke. An jenem 27. September fuhr er gegen Abend, aus Richtung Dittmannsdorf kommend, mit seinem Fahrrad heimwärts. Auf der damals noch unbefestigten Straße am Tännichtberg wurde er aus der Kurve getragen. Er prallte gegen den Pfeiler der Gartenmauer und erlitt »schwere Schädelverletzungen mit Zertrümmerung des Gehirns und wurde in das Garnisonlazarett Freiberg gebracht.« Dort verstarb er am 29. September im Alter von 25 Jahren.

Gedenktafel für den tödlich verunglückten Radfahrer Unteroffizier Kurt Emil Rötzsch; 1911; Krummenhennersdorf

Denkmal für zwei abgestürzte Fliegeroffiziere; 1912; Niederschöna

Das »Fliegerdenkmal« in Niederschöna

1912: Von Freiberg führt die B 173 über Halsbach - Naundorf nach Dresden. Hinter Naundorf steigt die Straße auf 368 m Höhe, bevor sie wieder hinunter nach Niederschöna am Rodelandbach führt. Oben auf der Höhe zweigt nach links eine ehemalige LPG-Straße nach Oberschaar ab. Links davon ist schon von weitem eine große alte Linde sichtbar. Hier steht das Fliegerdenkmal, ein 2,70 m hoher Obelisk aus Sandstein, mit einer ovalen Bronzetafel und der Inschrift:

†
Johannes Berger
Obltnt. i. 5. Inf. Rgt. Kronprinz
Nr.104

Kurt Junghanns
Obltnt. i. 10. Inf. Rgt.
Nr. 134

Im Jahre 1912 ereignete sich hier einer der ersten tragischen Unfälle der frühen sächsischen Luftfahrtgeschichte. Die Tageszeitungen berichteten darüber so ausführlich, daß wir ihnen nur auszugsweise folgen können.

- Chemnitzer Tageblatt und Anzeiger vom Sonnabend, den 21.9.1912:
  »Der Chemnitzer Militärflieger, Herr Oberleutnant Berger vom Kronprinz-Regiment, unternahm gestern, Freitag nachmittag, mehrere Schauflüge, bei denen er u.a. die Stadtteile Bernsdorf und Gablenz überflog.« Mit je einem Gast blieb er drei Mal jeweils 15 Minuten in der Luft.
  Ein Extrablatt vom gleichen Tage berichtet: »Zwei Chemnitzer Flieger abgestürzt. ... Der Chemnitzer Militärflieger, Herr Oberleutnant Berger, der heute früh gegen 9 Uhr 45 Minuten mit Herrn Oberleutnant Junghanns als Fahrgast in Chemnitz zum Fernflug nach Berlin aufgestiegen war, nach 10 Uhr die

Das Fliegerdenkmal in Niederschöna

Stadt Freiberg passierte und sich dann von Hilbersdorf nach Nordwesten gewendet hatte, ist zwischen Niederschöna und Falkenberg an der sogenannten Schuhmanns-Linde abgestürzt.«

- Die gleiche Zeitung am 22.9.1912: »In Freiberg waren es Tausende, die dem Flug des stolzen Fahrzeuges folgten.« Das Flugzeug war ein »Albatros Zweidecker B 6«. Die Uhr des Verunglückten war 10.20 Uhr stehengeblieben.

- Das Oederaner Wochenblatt, Amtsblatt berichtete am 24. September 1912: »Die Unglücksstelle bot einen trostlosen Anblick. Der Apparat war vollständig zertrümmert, das Fahrgestell ein wirres Durcheinander, die Kufen zerschlagen, die Räder verbogen, die untere und obere Tragfläche völlig zertrümmert, die Holzversteifungen zerbrochen.«

Ein pflügender Bauer erlebte diese Katastrophe aus unmittelbarer Nähe und erzählte:
»Plötzlich sah ich das Flugzeug aus den Wolken hervorkommen. Das regelmäßige Arbeiten des Motors hörte plötzlich auf. Es wurde ganz still in der Luft. Dann folgte das Rasseln des Motors. Ein Knattern vernahm man. Im selben Augenblick überschlug sich der Apparat. In einer Spirale stürzte er herab, In einer Höhe von 500 m überschlug sich der Apparat abermals. Oberleutnant Junghanns stürzte heraus und fiel in ein Haferfeld dicht neben einem dort arbeitenden Landmann nieder. Der Niederfall war so heftig, daß sich der Körper etwa ein halben Meter tief in den Boden eingrub. Der Flugapparat drehte sich nochmals über der Erde und schlug etwa 170 Meter von der Leiche Bergers entfernt auf, wobei er völlig zertrümmert wurde.«
Die auf dem Felde arbeitenden Bauern brachten die Toten nach Niederschöna in die Leichenhalle.

Beide Offiziere werden als ruhige und besonnene Piloten mit einer gründlichen Ausbildung beschrieben. Berger stammte aus Dresden. Er war 29 Jahre alt und wurde für seine fliegerischen Leistungen mehrfach ausgezeichnet.
Junghanns kam aus Burgmühle bei Roßwein. Er war 36 Jahre alt. Am 23. September fand eine Trauerfeier in der Kirche Niederschöna statt, dann erfolgte die Überführung in die Heimatorte.
Dieses seltene Fliegerdenkmal wird heute noch von den Heimatfreunden gepflegt.

Verschüttet im »Harrastunnel«

1913: In den Jahren 1867 - 1869 wurde die Eisenbahnstrecke von Hainichen nach Chemnitz angelegt. Eines der schwierigsten Teilstükke führte am Zschopaufluß zwischen Frankenberg und Niederwiesa entlang. Ein besonderes Problem bildete der weit vorspringende, hohe Bergsporn des Harrasfelsens. Am 26. Februar 1868 wurden hier »22 Zentner doppelschlägiges Pulver« zum Bau eines Tunnels gezündet. Die losgesprengte Gesteinsmasse betrug etwa 40 000 Kubikmeter. Am 26. April 1868 war der 81 Meter lange Durchbruch geschafft. Die feierliche Eröffnung der Eisenbahnlinie von Hainichen nach Chemnitz fand am 1. März 1869 statt.
Unterhalb des Harrasfelsens, vor der Eisenbahnunterführung, ist jetzt an einem Baum ein bescheidenes Kunststoffschildchen befestigt. Es erinnert an den 14. Dezember 1913, den 3. Adventssonntag, an dem sich in diesem Tunnel eine Eisenbahnkatastrophe ereignete.
Die über das Zschopautal hereinbrechende Nacht des 14. Dezember 1913 wird später als beeindruckendes Naturschauspiel beschrieben.

Extra-Blatt.

Chemnitzer Tageblatt.

Schweres Eisenbahnunglück bei Braunsdorf.

Extrablatt vom Montag den 15. Dezember 1913

Pressezeichnung im Chemnitzer Tageblatt und Anzeiger vom 16. Dezember 1913

Es »tobte ein seltenes aber prächtiges Wintergewitter. Ein undurchdringlicher Flockenschleier, vom Winde gepeitscht, verhängte das Tal. Ein greller Blitz zuckte und weithin schallender Donnerschlag erscholl. Hatte es nun die elektrische Entladung oder eine Lufterschütterung bewirkt? Vom Harrasfelsen war jedenfalls eine große Felsmasse, mit einem geschätzten Umfang von 100 Kubikmetern, herabgestürzt, die den südlichen Ausgang verstopfte.«

Eben zu diesem Zeitpunkt, 22 Uhr 10 Minuten, verließ der fahrplanmäßige, von 2 Dampflokomotiven gezogene Personenzug Nr.1414, den Bahnhof Frankenberg in Richtung Niederwiesa. Dort sollte er 22 Uhr 26 Minuten eintreffen. Eine Warnung vor dem verschütteten Tunnel war nicht mehr möglich, denn der Felssturz hatte auch die Signalleitungen zerstört. Mit voller Geschwindigkeit fuhr der Zug in einer Linkskurve in den Tunnel ein und prallte mit einer solchen Wucht auf die Geröllhalde, daß es die Lokomotiven am südlichen Tunnelausgang aufeinandertürmte.

Stunden später trafen die ersten Rettungs- und Hilfszüge aus Hainichen, Döbeln und Chemnitz mit den Ärzten, Helfern der Sanitätskolonnen und den Feuerwehrleuten ein. Ebenso waren viele verängstigte Personen da, die nach ihren Angehörigen suchten.

Das Oederaner Wochenblatt vom 16. 12. 1913 berichtete:

»Im Dunkel des Tunnels bot sich ein schrecklicher Anblick. Zwischen den kreuz und quer durcheinanderliegenden Trümmern sah man zahlreiche Verletzte, die sich bemühten, frei zu werden. Mit äußerster Anstrengung gelang es den Bergungsmannschaften, die Unglücklichen aus ihrer Lage zu befreien. Dagegen war es unmöglich an die Toten heranzukommen, die so fest zwischen die Eisenteile eingeklemmt waren, daß an ihre Bergung vor dem nächsten Tag nicht zu denken war.«

Früh gegen $^1/_2$ 3 fuhr der erste Rettungszug mit mehreren Toten und Verwundeten nach Frankenberg zurück. Gleichzeitig brachte ein weiterer Zug mehrere Verwundete und gerettete Personen nach Chemnitz. Am Morgen waren noch 4 Wagen verschüttet im Tunnel. Als auch diese befreit waren, zählte man insgesamt 10 Tote und ebensoviele Schwer- und 40 Leichtverletzte.

Nach dem Unfall wurde der Tunnel mit einem Geflecht aus Stahlbeton ausgekleidet und am zerstörten Tunnelausgang eine massive Stützmauer errichtet.

Die Unfallstelle am Harrastunnel

Der verunglückte Fuhrmann aus Hetzdorf

1918: Nordwestlich von Freiberg liegt der Ort Oberschaar mit seiner reizvollen kleinen Dorfkirche. Von hier aus führt eine Straße zum Ortsteil Haida. Zwischen Haida und dem Tharandter Wald liegt Hetzdorf.

Gedenkstein für den tödlich verunglückten Fuhrmann Ernst Bruno Grellmann; 1918; Haida

An der Straße von Oberschaar nach Haida steht ein Gedenkstein mit der kaum noch lesbaren Inschrift:

Hier verunglückte tötlich
am 11. Juli 1918
durch Scheuen des Pferdes
der Geschirrführer
Ernst Bruno Grellmann
aus Hetzdorf
– –
Gestorben an …
zu Oberschaar am 11. Juli 1918

Früher war es allgemein üblich, daß ein Bauer mit mehr Söhnen, als er selbst beschäftigen konnte, diese anderen Bauern in Lohn gab. Ähnlich wird es bei dem Wirtschaftsbesitzer Karl Heinrich Grellmann in Hetzdorf gewesen sein.

Die kleine Gemeinde mit ihren damals 700 Einwohnern bot keine Beschäftigungsmöglichkeiten. Sein Sohn Ernst Bruno hatte Glück, er fand eine Arbeit als Dienstknecht bei einem Bauern im nahegelegenen Dorf Oberschaar.

Auf einer seiner Fahrten begann, auf der Straße von Oberschaar nach Haida, sein Pferd zu scheuen. Der Geschirrfahrer stürzte und erlitt einen Schädelbruch. Er starb daran am gleichen Tag, nachmittags gegen 16 Uhr, wie der Pfarrer notierte; »im Alter von 20 Jahren, 4 Monaten und 1 Tag«. Seine Angehörigen waren sehr einfache Leute, so daß es nur zu einem »Begräbnis 2. Grades mit Rede« reichte.

Wie es oft zu beobachten ist, wurde der Gedenkstein an der Unfallstelle, sicher auch in diesem Falle, von seinem Dienstherren errichtet.

Der Flugzeugabsturz in Euba bei Chemnitz

Sommer 1918: Der erste Weltkrieg ging seinem Ende entgegen. Das, was man damals als »Luftkrieg« bezeichnete, spielte sich mit wenigen Ausnahmen über der Front ab. Ließ sich einmal ein Flugzeug über heimatlichen Boden sehen, dann war das noch immer ein besonderes Erlebnis. Ein solches hatten die Einwohner in Euba am 5. Juli 1918, kurz nach Mittag.

Am 7. Juli berichtete das Chemnitzer Tageblatt: »- Euba, 6. Juli. Ein schweres Flugzeugunglück ereignete sich gestern auf Eubaer Flur in der Nähe der Struth. Gegen 2 Uhr nachmittags bemerkte man hier ein aus Richtung Flöha kommendes Flugzeug. Als es sich über Euba befand, führte es einen Schwenk aus und plötzlich sahen die Einwohner, daß das Flugzeug brannte und aus beträchtlicher Höhe abstürzte. Sofort hinzueilende Leute fanden die Insassen, zwei Offiziere, tot vor. Das Flugzeug war vollständig zertrümmert.«

Ergänzend dazu wußte ein Oederaner Korrespondent aus Plaue-Bernsdorf zu berichten: »Das Flugzeug, welches aus Richtung Freiberg kam und nach Chemnitz zu fliegen schien, war infolge Explosion in Brand geraten. Der Führer, ein Oberleutnant, ist teilweise verbrannt mit dem Apparat abgestürzt, während der Beobachter, ein Leutnant, durch Abspringen sich retten wollte, beim Abspringen aber ebenfalls den Tod fand.«

Mehr war aus der Presse über diesen Unfall nicht zu erfahren. Es war Krieg und die »Landwehrinspektion Chemnitz Abt. B. 375« hatte vermutlich darüber eine Nachrichtensperre verhängt.

Der Pfarrer zu Euba war jedoch verpflichtet, diese beiden Todesfälle in sein Sterberegister einzutragen. Daraus ist zu entnehmen, daß sich die genaue Absturzstelle westlich der nach Plaue bei Flöha führenden Straße, etwa 250 m feldeinwärts, auf dem Feldstück des Bauern Bruno Aurich befand.

Die beiden Offiziere waren Angehörige der Flieger-Ersatz-Abteilung Garnison Großenhain. Als Ursache des Absturzes wird ein »Defect vom Motor bzw. Benzintank« angegeben. Der Flugzeugführer war Wolfgang Eugen Hermann Pluschow, geboren in München, ein aktiver Oberleutnant, 30 Jahre, 5 Monate und 7 Tage alt. Er wurde zur Beerdigung nach Schwerin/Mecklenburg überführt.

Der Beobachtungsoffizier war der Landwirt und Leutnant der Reserve Herbert Helmut Bussgahn, geboren in Grochowa, Kreis Tuchel in Westpreußen, 22 Jahre, 10 Monate und 5 Tage alt. Er wurde nach Regitten, Kreis Landsberg in Ostpreußen, überführt.

Denkmal für zwei abgestürzte Fliegeroffiziere; 1918; Euba

An diesen Flugzeugabsturz erinnert ein Denkmal in Euba. Es wurde nicht, wie sonst üblich, an der Unfallstelle, sondern an der Nordseite der Kirche errichtet. Aus großen Eubaer Schieferbruchsteinen ist eine etwa 1,70 m hohe Pyramide aufgeschichtet. Eine Gedenktafel aus Bronzeguß zeigt ein Eisernes Kreuz und ein Doppeldecker Flugzeug. Die Inschrift lautet:

DEN FLIEGERHELDENTOD
FÜRS VATERLAND
FANDEN GEMEINSAM
AUF HIESIGER FLUR
AM 5. JULI 1918
OBERLEUTNANT
WOLFGANG PLUSCHOW
FLUGZEUGFÜHRER
LEUTNANT
HERBERT BUSSGAHN
BEOBACHTER

Bildnis für den verunglückten Pfarrer Hensel; 1923; Pappendorf

Das Bildnis des verunglückten Pfarrers von Pappendorf

1923: Nordöstlich von Hainichen liegt die Gemeinde Pappendorf. In der großen, von Christian Friedrich Uhlig, im Jahre 1839 erbauten Kirche sind die 13 Bildnisse der »wohlgelahrten Bauernpastoren« des 18. Jh. - 19.Jh. und der Pfarrer der jüngeren Geschichte besonders sehenswert. Zu letzteren gehört auch das Bildnis des Pfarrers J.P.Hensel.
Hensel wurde am 5. April 1883 geboren. In der schweren Zeit der Inflation kam er als Pfarrer nach Pappendorf. Er war ein sehr rühriger Mann. Während seiner kurzen Dienstzeit erhielt die Kirche im Juli 1920 ein neues Geläut, ein Posaunenchor wurde 1922 gegründet, und ein Kriegerehrenmal für die Gefallenen des 1. Weltkrieges entstand auf dem Friedhof.

Im Jahre 1923 erreichte die Inflation ihren Höhepunkt. Am 3. Januar kostete 1 Dollar 7525 Deutsche Mark. Am 1. November des gleichen Jahres waren 130 225 000 000 Deutsche Mark nur noch einen Dollar wert. Auch in den Kirchen herrschte große Not. Die Landeskirche war kaum noch in der Lage, ihre Pfarrer zu entlohnen. Die geringen eigenen Einnahmen der Pappendorfer Kirche verloren innerhalb weniger Tage ihren Wert. An den Kauf von Kohlen, um die Kirche zur Weihnachtszeit zu heizen, war nicht mehr zu denken.
Um die kirchliche Weihnachtsfeier noch zu retten, fuhr der Pfarrer Hensel am 19. November mit Axt und Säge in den Pfarrwald, um Feuerholz hereinzuholen. Die Arbeit war für ihn völlig ungewohnt und jede Erfahrung fehlte. Ein Baum fiel, »Dröhnend schlug es an seine Stirn. Noch drei Tage hat er gelebt.« Am 22. November, dem Totensonntag, starb er, 40jährig, an den Folgen eines Schädelbruches. Er wurde vermutlich in einem sehr einfachen Sarg beigesetzt, denn seine Hinterbliebenen konnten dafür nur eine Million Mark aufwenden.

Von einem »Mord«, der keiner war

1932: Irgendwann im Jahre 1933 zog eine kleine trauernde Gemeinde hinaus zum Heinzewald, in die Nähe von Hilmersdorf, zwischen Marienberg und Lengefeld. Dabei war eine junge Witwe mit ihrer 11jährigen Tochter, einige Forstbedienstete und sicher auch einige Jagdgenossen. Den Anlaß dazu gab die Weihe eines bescheidenen Gedenksteines aus Lengefelder Kalkstein. Forstarbeiter haben ihn mitten im Walde, in der Nähe einer Schonung, an einer stillen Schneise aufgestellt.
Der Stein trägt die Inschrift;

Zum Gedächtnis
An
Kurt Seidel
Forstwart
** 20.7.1897*
† 14.12.1932

Die Jahre vergingen. Über 60 Jahre später durchkämmen wir das große Forstrevier auf der Suche nach alten Gedenksteinen. Zwei Forstarbeiter helfen weiter. - »Unten am Goldbachweg, am oberen Ende der Oberen Talsperre, steht noch so ein alter Stein. Dort haben früher einmal die Wilderer einen Förster erschlagen.« Ein anderer weiß es besser, »den haben sie nicht erschlagen, sondern erschossen.« Beide waren überzeugt davon, daß die Wilderer einen Förster ermordet haben.
Kaum 150 Meter vor der Mündung des Goldbaches in den Lautenbach entdecken wir den Stein abseits des Weges im Hochwald wieder. Wir haben ihn vermessen, fotografiert und die schaurige Geschichte vom ermordeten Förster notiert.
Der auf dem Stein angegebene Todestag ließ auf weitere Entdeckungen zu dieser Mordgeschichte hoffen. Im Stadtarchiv Marienberg findet sich im »Erzgebirgischen Nachrichten- und Anzeigeblatt«, vom Freitag, den 16. Dezember 1932 folgender Bericht:
»(Marienberg:) Tödlicher Jagdunfall.
Einem Jagdunfall mit tödlichem Ausgang fiel Forstwart S. auf dem Heinzebanker Staatsforstrevier zum Opfer. Forstwart S. wollte in einer Dickung durch eine Fichtenreihe hindurchtreten und hielt hierbei das Gewehr eines anderen Beamten in der rechten Hand. Dabei verfing sich ein Fichtenzweig in einem Hahn des Gewehrs. Beim Hervorziehen des Gewehrs wurde der Hahn durch den festhaltenden Fichtenzweig etwas gespannt und schlug beim Wegschnellen des Zweigs auf den Schlagbolzen sodaß sich der Schuß entlud und Forstwart S. tödlich am Kopfe verletzte. Der 35jährige, sehr tüchtige und gewissenhafte Beamte war erst dreiviertel Jahr auf dem Heinzebanker Revier tätig. Er hinterließ seine Ehefrau und eine 11jährige Tochter.«

Gedenkstein für Kurt Seidel; 1932; Forstrevier Heinzewald (Hilmersdorf)

Eine Flutwelle raste durch das Schwarzwassertal

1955: Im Werksgelände der Pumpen- und Feuerlöschgeräte GmbH in Jöhstadt steht ein 1,30 m hoher Gedenkstein aus schwarzem Granit. Der Rat der Stadt Jöhstadt widmete ihn »Den Opfern der Hochwasserkatastrophe vom 20. 7. 1955.« Der Stein nennt die Namen von vier Frauen und zwei Männern.

Der 20. Juni 1955, ein Mittwoch, war ein schöner trockener Sommertag. Die Jöhstädter begingen ihre 300-Jahr-Feier.

Zum Ausklang des Tages sang der Dresdner Kreuzchor in der Kirche, und im Speisesaal des damaligen VEB Löschegerätewerkes Jöhstadt,

Gedenkstein für 5 ertrunkene Jöhstädter; 1955; Jöhstadt

unten im Schwarzwassertal, fanden sich diejenigen, die vor 20 Jahren die Schule verlassen hatten, zu einer fröhlichen Feier zusammen.

Gegen Abend begann das Schwarzwasser zusehends zu steigen, denn, nach den damaligen Zeitungsberichten, »ging im Fichtelbergmassiv ein starker Regenfall nieder, der eine Hochwasserwelle im Schwarzwassertal verursachte.« Andere erzählen, ein großer Dammbruch in der CSSR habe diese Flut ausgelöst.

Als das Hochwasser den Speisesaal erreichte, begannen in Jöhstadt die Sirenen zu heulen. Fern am Himmel leuchteten rote Raketen zur Warnung vor einer Flutwelle, doch viele dachten, daß irgendwo irgendetwas gefeiert wurde. Erst als das Wasser in den Saal eindrang, verließen die meisten den Raum, um sich in Sicherheit zu bringen. Einige ließen sich jedoch nicht beirren und sollen, so erzählt man es noch heute, in Hochstimmung das Lied »Das kann doch einen Seemann nicht erschüttern ...« gesungen haben.

Wenige Minuten später rasten gewaltige Wassermassen durch das Tal. Die Flutwelle, mit über 2 m Höhe, riß alles mit sich fort, Bäume, Brücken, Gebäudeteile, Eisenbahnwagen von den Bahnhöfen Jöhstadt und Schmalzgrube und auch 5 Personen aus dem Speisesaal. Später hieß es: »Dem Einsatz der Rettungsmannschaft war es zu verdanken, daß nicht noch mehr Menschenleben ein Opfer des Hochwassers wurden.«

Oben in Jöhstadt ging alles glimpflich vorüber, nur die Schönfels-Lina ist aus der Kirche in das Tal hinunter heimwärts gerannt und wurde dabei weggeschwemmt.

Fünf der Opfer wurden auf dem Friedhof in Jöhstadt beigesetzt. Ihre Gräber werden noch heute von Jöhstädter Bürgern zur Erinnerung an diese Katastrophe gepflegt.

Literaturangaben

Thematisch orientierte Übersichten:

(1) Kuhfahl, Dr.
Die alten Steinkreuze in Sachsen.
Landesverein Sächsischer Heimatschutz/Dresden Verlag des Vereins 1928
- Nachtrag zum Heimatschutzbuch. Verlag des Vereins 1936

(2) Wendt, Hans Jochen
Steinkreuze und Kreuzsteine in Sachsen.
(Arbeits- und Forschungsberichte zur sächsischen Bodendenkmalpflege; Beiheft 14)
VEB Deutscher Verlag der Wissenschaften, Berlin 1979

(3) Stephan, Dr.
Gedenkbäume und andere Erinnerungsmale in Sachsen.
In: Mitteilungen des Landesvereins Sächsischer Heimatschutz. Bd. XVI. (1927), S. 25 - 25

(4) Stephan, Dr.
Marterln in Sachsen.
In: Mitteilungen des Landesvereins Sächsischer Heimatschutz. Bd. XVII. (1928), S. 71 - 77

(5) Institut für Denkmalpflege in der DDR.
(Textautor: Anna Dora Miethe)
Gedenkstätten; Arbeiterbewegung, Antifaschistischer Widerstand, Aufbau des Sozialismus.
Urania-Verlag; Leipzig, Jena, Berlin 1974

Sonstiges Quellenmaterial:

Zu den einzelnen Denkmalen erschienen ab 1880/90 bis zur Gegenwart eine Vielzahl kleinerer Veröffentlichungen, die einen wesentlichen Beitrag zu dieser Gesamtdarstellung lieferten, jedoch in diesem Rahmen nicht einzeln aufgeführt werden können.
Ergänzend dazu wurden folgende Archive genutzt
- Stadtarchiv Chemnitz
- Stadtarchiv Marienberg
- Stadtarchiv Eisenach
- Stadtbibliothek Chemnitz, Regionalkundekabinett.
- Sächsische Landesbibliothek Dresden
- Archiv des Heimatmuseums Oederan

und im besonderen Maße die Pfarrarchive aller Gemeinden, in denen sich die hier erfaßten Denkmale nachweisen ließen.

Bild- und Fotonachweis
- Reproduktionen: Bildarchiv Seyffarth
- Neuaufnahmen und Zeichnungen: Edith und Joachim Seyffarth
- S. 19 und 21 W. Langer, Gehringswalde
- S. 25 nach Foto H. Schreiter, Borstendorf
- Die Vignetten (S. 41, 44, 47, 68) wurden mit Genehmigung des Landesvorstandes des Kulturbundes den Heften »Sächsische Volkssagen« entnommen

Für die Unterstützung dieser Arbeit danke ich besonders:
U. Baumbach, Rochlitz; J. Benndorf, Schweikershain; A. Bohn, Mittelsaida; M. Frohs, Mittelsaida; H. Gläser, Heidelberg; H. Großmann, Nassau; K. Hähnel, Krummhermersdorf; H. Hantzsch, Burgstädt; W. Hermann, Dörnthal; H. Hoffmann, Ebersbrunn; G. Kirschen, Seiffen; H. Kluge, Deutschneudorf; O. Kreher, Königswalde; W. Langer, Gehringswalde; K.-H. Melzer, Mauersberg; G. Meyer, Oberrothenbach; R. Meyer, Mildenau; F. Müller, Jöhstadt; I. Neubert, Clausnitz; Chr. Reichel, Mildenau; K. Schmidt, Sosa; H. Schreiter, Borstendorf; B. Schütze, Oberschöna, K.-H. Stak, Friedebach; W. Ulbricht, Oederan; J. Wagler, Jöhstadt; J. Zahrt, Falkenau

Joachim Seyffarth

Ortsverzeichnis

*) = Denkmal wird noch gesucht bzw. ist nicht mehr nachweisbar.

Der Autor

Joachim Seyffarth,

geboren 1928 in Chemnitz. Berufliche Entwicklung: Maschinenschlosser, Teilkonstrukteur, Technisch-wissenschaftlicher Mitarbeiter in einem Forschungszentrum des Chemnitzer Maschinenbaues. Freiberuflicher Bildjournalist, Mitbegründer und Kustos des Industriemuseums Chemnitz.
Ab 1953 Beschäftigung mit den Problemen der Heimatkunde. Langjähriger Leiter des Bezirksfachausschusses Ur- und Frühgeschichte. Wiederentdeckung mehrerer verschollener Ortswüstungen, der Burgen Greifenstein und Nidberg bei Zöblitz. Zahlreiche Publikationen zur Frühgeschichte des Erzgebirges, zur Chemnitzer Stadtgeschichte und zur sächsischen Technik- und Wirtschaftsgeschichte.
Auszeichnungen für heimatkundliche Leistungen und für Forschungsergebnisse auf dem Gebiet der Vor- und Frühgeschichtsforschung im Erzgebirge.
Seit 1992 Dokumentation der Volks- und Kleindenkmale im Erzgebirge und seinem Vorland.

Impressum

Gesamtherstellung und Verlag:

Druck- und Verlagsgesellschaft Marienberg mbH
Industriestraße 7, 09496 Marienberg
1996
3. Auflage 1999

Printed in Germany

ISBN 3-931770-06-0